君が生きる意味

人生を劇的に変えるフランクルの教え

松山淳［著］　諸富祥彦［解説］

ダイヤモンド社

はじめに——物語を通して、仮想のカウンセリング体験ができる

本書を手にとっていただきまして、ありがとうございます。

もし、タイトルに何かひかれるものがあったのなら、きっとあなたは、「運命」から選ばれた人です。その意味は、本書を読み進めていくとわかります。その意味をすぐにでも知りたい方は、早速、1日目から読み出してみてください。この本は物語です。「はじめに」を飛ばし予備知識なしで読むのも物語の醍醐味です。

とはいっても、やっぱり、本書の特徴をざっくりと知ってから読みたい方もいらっしゃいますよね。そこで、その特徴を三つの観点から簡単に述べてみます。

三つとは**「フランクル心理学」「物語形式」「ユーモア」**です。

（1）フランクル心理学

この物語で述べられていることは、フランクル心理学の教えがベースになっています。

そこに西洋哲学や東洋思想の「知」がまぶしてあります。

フランクルとは、ヴィクトール・E・フランクル（一九〇五～一九九七）のことです。

彼は二十世紀最大の悲劇といわれるナチスの強制収容所を生き延びた心理学者です。その時の体験を記した『夜と霧』は、世界で今も読み継がれる名著です。フランクルは「ロゴセラピー」という独自の心理学を提唱し、多くの「生きる意味」に悩む人を救い続けました。彼の理論は「精神療法の第三ウィーン学派」と呼ばれます。第三ですので、第一と第二が存在します。第一は近代精神分析学の開祖といわれるフロイト。第二が個人心理学を創始したアドラーです。アドラーは『嫌われる勇気』（ダイヤモンド社）の大ヒットにより、多くの人がその名を知っていると思います。どちらも心理学の歴史に残る偉人です。

実は、この偉大なふたりの次に位置するといっても過言ではないのがフランクルなのです。でも、心理学に興味のある人は別として、一般の人たちは、まずその名を知りません。もちろん、彼がどんな教えを遺したのかも……。

かつて私は、人生のひどく辛い出来事に直面し、心の闇に陥って抜けられなくなった経験があります。その時、私を支えてくれたのが家族の存在とフランクルの言葉でした。フランクル心理学を知っていたからこそ、人生の難局を乗り越えることができたのです。そこで、ひとりでも多くの人にフランクルの教えを知ってもらいたいと本書を執筆しました。

フランクルについて、光栄なことにフランクル研究の第一人者である諸富祥彦先生が巻末で解説してくださっています。ぜひ、目を通してください。この物語で言われていることがより深く理解できます。

（2）物語形式

心理学の本はとかく難解になりがちです。するとフランクルの言葉が多くの人に届かなくなってしまいます。そこで本書は、楽しくわかりやすくその教えを伝えようと物語形式にしました。フランクルの教えは「読書療法」に適していると言われます。物語にすれば対話形式をとれます。すると、読者の皆様が仮想のカウンセリング体験をすることもできます。そんな心理的メリットを感じていただきたかったのも物語の形にした理由です。

（3）ユーモア

この本は「小さい変なおじさん」が登場するちょっとふざけたコミカルな感じになっています。その理由は、フランクル自身がユーモアをとても大切にした人だったからです。ナチスの強制収容所という惨劇に放り込まれながら、彼はユーモアを忘れませんでした。『夜と霧』（みすず書房）で「ユーモアもまた自己維持のための闘いにおける心の武器である」と書いています。「ロゴセラピー」にもユーモアを推奨する心理技法があります。笑うことで見えてくることが確かにありますよね。

そのユーモアを引き出すために「小さい変なおじさん」を登場させました。フランクルは自身の思想体系を「巨人の肩の上に立っている小人は巨人自身よりもっと遠くを見ることができる」（『死と愛』みすず書房）というメタファーを使って表現しています。巨人とはフロイト、アドラーのことであり、小人がフランクルです。この言葉に着想を得て、「小さい変なおじさん」がフランクルの教えを語る設定にしました。
以上、本書の三つの特徴でした。

みなさんの人生はいかがでしょうか？　うまくいっていますか？　疲れていませんか？　なかなか生きるのに難しい時代です。
でも、どんな時にも人生には意味があります。かつての私のように一冊の本から、人生の難局で自分を支える言葉を、また、そこから抜け出すヒントを見つけていただけたら、それが本書なら、作者としてこれほど嬉しいことはありません。それでは、ちょっと変わった小さいおじさんとボクの不思議な七日間の物語に、最後までお付き合いください。

２０１８年６月

松山　淳

君が生きる意味［もくじ］

1日目 こんな人生に意味はあるのか？

2日目 これってブラック企業ですよね？

3日目 自分を超えるって何ですか？

4日目 ボクのどこが自己チューなんですか？

5日目 「生きる意味」はどこに？

6日目 どんな時でも人生にイエスと言える？

7日目 苦悩する人は、選ばれた人

エピローグ

三年後

こんな人生に意味はあるのか？

店長失格

「くそっ！」

部屋に落ちていたビールの空き缶を拾い上げ、壁に投げつけた。中身が少し残っていて、しぶきが自分にかかる。

「なんだよ、どいつもこいつもバカにしやがって」

勢いよくベッドに倒れ込んだ。

ボクは大手のアパレル会社に勤め店長をしている。低価格を売りにして急成長中のグローバル企業だ。テレビＣＭでは有名タレントを使って好感度が高いけれど、世間からはブラック企業と叩かれている。

店長になってから半年間、ほとんど休みがとれず憂鬱《ゆううつ》な日々が続く。月の残業時間は過労死ラインの八〇時間を超えた。七〇キロあった体重は六二キロになり、こけた頬を見て「大丈夫ですか」とスタッフが声をかけてくる。

今日もいつもと変わらぬ灰色の一日だった。

朝からモンスタークレーマーにつかまり、帰ってもらうのに一時間もかかった。お客さん曰く、「デートに着ていったブラウスのタグが首にあたって、イライラするはめになった。それが原因で彼氏にふられた。責任をとれ」という。

「そうやって理不尽なクレームをつける性格が、ふられた原因じゃないのか」

と言いたいのをぐっとこらえ、クレーマーの話を聴き続けた。

バックヤードに出たゴキブリが店に逃げ出し、お客さんの悲鳴が店に響く。「申し訳ございません。申し訳ございません」

頭を何度もさげてゴキブリを追いかけた。ラックに足をひっかけ転倒し頭を床に打ちつける。

「このおじさん、おもしろ～い」

そばで見ていた子どもが笑っていた。

ジーンズ棚に商品を補充していると、部下が近づいてきた。年下だけど、アルバイトから正社員になった女性で仕事の経験はボクより長い。目がつりあがっている。またか。身がまえる。

「もっと明確に指示してください！　いつも指示が曖昧なんですよね」

かん高い声が店内に響く。訳がわからず尋ねた。

「曖昧って、何のこと。どの指示について言ってるの？」

「そんなこともわかんないんですか、あなた店長ですよね、この店のリーダーですよね。リーダーって、もっと優秀な人がなるんじゃないんですか」

一日に何度も、こうして難くせをつけてくる。

「わかった。お客さんが見てるから、バックヤードで話を聞くよ」

「何ですかそれ、個室に閉じ込めて説教でもするつもりですか。パワハラですよ。前の店長はそんなことしませんでした。本社の人事に通報しますよ」

「ごめん、悪かった。お客さんが見てるから、やめよう」

「謝るんだったら、店長辞めたらどうなんですか」

店長失格の言葉を吐き捨てると彼女はボクの目の前から消えた。ため息がもれる。いつものパターンだ。最後はボクが謝って終わる。

前任の店長が他店に異動し、ボクが店長に昇格した。彼女の笑顔を一度も見たことがない。接客も冷たく機械的だ。とにかく言葉がきつい。こっちも精神的にきつくなる。逆パワハラってこのことじゃないのか。通報したいのはこっちだよ。

エリア別店長会議

午後遅く、エリア別店長会議に出席するため本社に向かった。会議室に入ると三〇人を超す店長が座っていた。談笑しているのは数人だけ。ほとんどが腕を組んで目を瞑《つむ》っているか、机に上半身を伏せているかだった。みんな疲れているんだ。

ボクは同じエリアの店長を見つけ隣に座り、愚痴をこぼした。店長の上にはスーパーバイザーという複数の店舗を統括する上司がいる。ボクの上司のスーパーバイザーは、人の心が傷つく言葉を平気で口にする。同じエリアの店長たちは皆その被害者だ。軽蔑の意を込めてスーパーバイザーのことを「奴」と呼んでいた。

営業部長の声が遠くで聞こえた。部長職はスーパーバイザーの上司にあたる。寝ていた店長たちは体を起こし、背筋を伸ばした。誰もが恐れをなして逆らえない。店長全員の天敵だ。

部長を筆頭に五人のスーパーバイザーが入室する。奴もいた。

「お疲れ様です」

一斉に起立して大声をあげる。

「座ってよし」

営業部長はいつも通り不機嫌な口調だ。

「ありがとうございます」

部長に一礼して着席した。部長がボクの名前を呼ぶ。

「はい」

声をはって立ちあがった。

「お前が店長になってからこれで六ヶ月連続、売上目標に達してねえ。先週も五万円足りてなかった。どうするつもりだ。やる気あるのか」

体がこわばる。

「聞いてんのか。お前が店長になってから、目標未達が続いてんだよ。俺が担当するエリアでお前の店だけが未達続きなんだよ。わかってんのか。毎週、毎週、同じこと言わせるな」

「はい」

腕が震え脇の下から汗が流れる。

「はい、じゃねえんだよ。はいなら幼稚園生だって言えるんだよ。俺が聞きたいのは、どうやって今の状況を改善するのか、その具体策だよ。策がないなら店長失格だ。店長になりてえ人間なんていくらでもいるんだ。どうしますか、店長辞めますか、改善策言えますか」

「改善策は………」

部長が拳で机を叩く。

「何だって、聞こえねえよ。お前のせいでこのエリア全体の社内評価が下がってんだよ。他の店長たちにも迷惑だろ。申し訳ないと思わないのか。何か言ってみろ」

話すつもりはある。でも言葉が矢継ぎ早に飛んできて切り出せない。

「ここにいる奴らはな、休みなく働いて、みんな辛い思いして、俺に怒鳴られて一人前の店長になってきたんだ。お前だけが特別なんじゃねえぞ。甘ったれんなよ。みんなに申し訳ないって微塵でも思ってんなら、土下座して謝ったらどうだ」

部長が机を蹴りあげた。その大きな音に驚き、数人の店長が体を震わせた。部長は立ち上がり、腕組みしながら歩いてくる。ボクの髪の毛を鷲づかみにすると、無言のままその手を押しさげた。

「すみません、本当にすみません……」

頭をつかまれたまま謝罪の言葉を連呼する。先週も先々週も、その前もそのまた前の週も同じだった。まるでデジャヴュのようだ。同じ光景の中にボクはいる。

目に涙がたまる。これってパワハラじゃないのか。

いや、評価を下げて迷惑かけているのは確かだ。みんな部長に怒鳴られて成長してきたんだ。これが普通なんだ。他の店長もがんばってる。我慢しないと。目標を達成できないボクが悪いんだ。部長の言う通りだ。そうだよ。がんばればいいんだ。がんばれば、もっとがんばらないと、もっと……。

「お前は会社のクズだ」

そう吐き捨てると部長は席に戻っていった。

それから、他の店長たちが次から次へと槍玉にあげられボクと同じように叱責されていた。目の前で繰り広げられる光景は全てが夢の中の出来事のようで、心が麻痺しているのかな、ボクは感情移入することができず放心状態のまま机のシミをじっと見つめていた。


「社訓唱和」

大声が耳に届く。皆が起立する。ボクは立ち上がるのにワンテンポ遅れてしまった。

「てめ～、会社に遊びにきてんのか。誰だ、このクズを担当してんのは」

部長の怒声だ。

「申し訳ございません、私です」

奴が全速力で走ってくる。ボクの胸ぐらをつかむと、顔を近づけ耳元でささやいた。

「部長の前で恥かかせんな。このクズが……」

奴は部長の席に小走りで戻ると、腰を直角に曲げて頭を下げた。

「社訓唱和の先導、私にやらせてください」

「よし、お前がやれ」

部長は冷ややかな笑みを顔に浮かべ満足そうだった。

奴が社訓の一節を読み上げる度に、ボクたちは後に続いた。

私たちは夢のために働きます。
夢を叶えることは幸せなことです。
私たちの夢はお客様を幸せにすることです。
だから働くことは幸せなことです。
死ぬまで働けたらもっと幸せです。
商売は儲けることに始まり、
儲けることに終わります。

売上なくして利益なし。
利益なくして幸せなし。
いらっしゃいませ。
ありがとうございます。
またのお越しをお待ちしております。
お客様の幸せのために
私たちは働いて働いて必死に働いて、
必ず夢と幸せをつかみます。

記憶した言葉を機械的に口にしているだけだった。社訓に何の意味も感じられない。ボクは何をしているのだろう。こんなことをするために大人になったのだろうか。疲れ切った体で腹から声を絞りだす。社訓を直立不動で叫びあう。これが幸せなのか。これで幸せをつかめるのか。働いて働いて必死に働いて、幸せどころか、むしろ不幸になってるんじゃないか。

異様な活気に満ちた空間で、ボクは大声を出しながら底知れぬもの悲しさを感じていた。

自己啓発セミナー

会議終了後、自己啓発セミナーに参加する予定だった。社会人になってから人脈づくりを目的に、社外のセミナーへ積極的に参加してきた。ただ今回は、憂鬱な事態に陥っている自分をなんとかしたかったから……。

セミナーの開始時刻はとうに過ぎている。家に帰るかな。でも、三万円の参加費をふいにするのは痛すぎる。やっぱ行くか。会場に重い足を向けた。

先生の講義は終了していて、将来の夢を参加者同士で語り合うワークが始まろうとしていた。互いに自己紹介をしあうと会場がにぎやかになった。仕事での利害関係のない人と話せて少し気分がやわらいだ。来てよかった。

「学校に通えないアジアの子どもたちに、ネットを使った教育プログラムを提供するのがボクの夢なんです」

そう話していたら、「君、ちょっといい」と声をかけられた。

声の主は憧れの先生だ。彼女は心理カウンセラーですごい美人でゴールデンタイムのテレビ番組にも出演している超有名人だ。深層心理を分析してくれるという。これがセミナーの目玉だ。

会場の隅にあるパーテーションで区切られた面談スペースに入った。憧れの美人先生とふたりきりになれた。

「顔色悪いけど、大丈夫かしら」

「ちょっと会社でいろいろとありまして……でも、大丈夫です。がんばれば、なんとかなりますので、がんばれば……」

「無理しちゃだめよ。人ってね、がんばれないことだってあるの。がんばらないことだって大事なのよ」

優しい言葉に胸が温かくなる。

「ありがとうございます。先生にそう言ってもらえて元気になれました」

先生は一瞬、微笑むと、顔から笑みを消した。

「それでね、ちょっと聞きたいのは、あなたが小さい頃のことなんだけど、ご両親とはうまくいってたかしら」

小学生の時、たぶん高学年の頃だったか、父と話すのを避けるようになった。何がきっかけでそうなったのかはよく覚えていない。思春期の頃は、父とのことで母と何度も口論になった。母はその度、涙をこぼした。母を苦しめてしまったことをボクはとても後悔している。父とはもう何年も口をきいていない。関係は壊れたままだ。

先生は首を縦にふり、黙って聴いてくれた。

話が一段落すると、「それは辛かったわね」と、目を潤ませた。

母以外に父のことを話すのは初めてだった。わかってくれる人がいるんだ。素直にうれしい。長い間、心に突き刺さる角の尖った氷が溶けていくようだった。

先生が顔を近づけてくる。なんて美人なんだろう。顔の赤くなるのが自分でもわかった。

「お話、ありがとう。わかったわ。あなたがアジアの貧しい子どもたちを支援したいと思うのはね、お父さんへの仕返しなの。父親に認めてもらえなかったことがトラウマになって、それが心の深いところで今もうずいているの。そのトラウマは劣等コンプレックスとなってあなたの無意識の世界を支配しているわ。そのコンプレックスを解消したいがために、自分より弱い立場の困っている人や貧しい子どもたちにあなたは意識が向きやすいの。つまりね、あなたが実現したい夢は、劣等コンプレックスの解消を目的としているわけ」

「えっ、そうなんですか」

「人の行動には必ず深い目的があるわ。劣っている自分を武器にして困っている人、貧しい人たちを支配したい。これがあなたの夢に隠された真の目的よ」

「そんな、ボクはただ助けたいって思ってるだけなんですけど……」

　弱々しく反論した。

「あなたは自分より弱い人を助けることで、自分が優れていることを証明したいの。そして、そのことを通してお父さんへの復讐を目論んでいるのよ。この深層心理に気づいていないと、あなたの夢は実現しないわ。だからトラウマを解消しないとね」

「復讐とかトラウマとか言われても……」

「もしよかったら、これ試してみて」

　先生はパンフレットを差し出す。『三時間でトラウマから解放される方法』と書かれてあり、五巻セットのＤＶＤで、値段が三八万円もした。

「ボクはトラウマを解消したいんじゃなくて、それに、こんなお金ないですし……」

「今は混乱しているからいらないって思うけど、家に帰って冷静になってみれば必要だってわかるわ。あなたの夢のためよ。夢、実現したいでしょ。きっと役に立つと思うの。さあ時間よ、みんな待ってるわ。仲間のところへ戻って」

　先生は無理矢理、ボクの手にパンフレットを握らせると席を立った。その勢いに気《け》おされて、ボクはワークをしている人の輪に戻っていった。

　嫌な気分だった。ていうか、来なければよかった。

ただ純粋に困っている人の役に立ちたいって思ってただけなのに。ボクを支えてきた大切な夢だったのに。そんな深層心理なんて知りたくなかった。

そんな夢ならいらないよ……。

帰路、背中を丸めて夜の街を歩いた。小雨が降り出す。傘を持っていたけど、開く気力はなかった。赤信号が目に入り大通りの横断歩道で足をとめる。何台もの車がスピードをあげて通り過ぎていく。

ふと思う。信号を無視して歩き出したらどうなるのだろう。車にぶつかる瞬間は痛いのかな。いや、死んでしまえば痛みなんて感じないんだろう。死ねば楽になれるのかな。楽になりたい……。

突然、周囲の音が消えた。世界とボクの間にやわらかな膜ができて何かに守られているみたいだ。体がとても軽い。街の風景に薄いベールがかかり、色の彩度が落ちて現実味が無くなる。通りの反対側から誰かが呼んでいるような気がした。誰なの、誰？

ボクは片手を伸ばして、向こう側へと一歩を踏み出した。

ブレーキの轟音が鼓膜を引き裂く。

「バカヤロー、てめえ、死にてえのか」

腰がぬけて尻もちをついた。

見上げると、怒り狂うトラック運転手の顔がそこにあった。

「死にてえのか」だって。どうなんだろう……。

死にたくないけれど、生きたくもないかな。

SNSのメッセージ

部屋に帰りベッドでスマホを手にした。スタッフからの緊急メールがないかを確認する。特にないようだ。ため息ひとつ。

ＳＮＳにアップされた画像を眺める。スーツやドレスで着飾り、華やかなパーティに参加する人たち。海外旅行をして様々な名所で自撮りしている人。居酒屋で会社の同僚たちと肩を組んで笑っている人たち。それに比べてボクは……。虚しさがこみあげる。ため息二つ。

メッセージの受信を知らせる音が鳴って画面に文字が浮かぶ。

「元気？」

もう彼女とはいえない彼女からだ。大手商社で働き海外に赴任している。とても優秀で、大きなプロジェクトを任されている。ひどく忙しいようだ。もう一年半も会っていない。つきあいだした頃は、毎日何度も交換していたラインも、ここ半年は一ヶ月に一度ほど。きっと他に男でもできたのだろう。

「元気だよ」「疲れてるんじゃない」「そんなことないよ」「仕事うまくいってるの」「うまくいってるよ。店長なんだ。ボクだってがんばってる」「それならいいけど」「大丈夫だよ」「わかった、じゃあまた」「また」

やりとりは一分もかからずに終わる。ふたりの関係も終わっているのだろう。まだ好きだけど、半分あきらめている。

仕事がうまくいっていると嘘をつき、虚しさが強くなる。ため息三つ。

部下からつきあげられ、数字に追われ、部長に罵《ののし》られ、目標数字に届かないのは確かにボクの責任だけど、たかが五万じゃないか。それに美人先生にも裏切られたよ。心の支えにしていた大切な夢に、あんなケチをつけるなんて。

横になったまま膝を抱え、体を丸めた。

「ボクは何のために働いてるんだろう。何のために生きてるんだ。仕事辞めたい。会社辞めたいな。こんな人生、生きてて意味あるのかな……」

頭をかきむしった。

小さいおじさん

「意味はあるべ。いつでも人生は意味に満ちてるべ」

「そんなこといったって今のボクは…………って、えっ」

声がした。確かに聞こえた。心霊現象か。体が固まり動けなくなる。

「あんだが人生の意味を問うことはないっちゃ。人生が、あんだに意味を問うてるんだから……」

また聞こえた。鳥肌が全身にひろがる。恐る恐る目だけ動かし辺りを探った。隣の部屋からではないようだ。幻聴か。部屋は静まり返り、車の通過する音が窓の外で聞こえた。

ボクは頭がおかしくなったのか。

「あんだ、オラの声聞こえるべか。おがしくなってねえから心配すんなぁ。ここさ、ここ。んでは同調完了で、仕事だべな」

声のする方向に目をやると、デスクの片隅に変な生き物が立っていた。

背の高さは鉛筆ぐらいでほぼ二頭身だ。頭のてっぺんが尖っていて先端が黒い。下ぶくれの顔立ちで、丸いサングラスをかけている。先端が上向きに丸まる八の字形の口ひげを生やし、耳たぶがやけに大きい。福耳だ。白衣を着ていてやけに短いネクタイをしている。右手を腰にあて左手にはお医者さんが往診の時に使うようなカバンを持っている。下半身は黒タイツ姿でブーツを履き、その先は鋭く反り返っている。まるで武器のようだ。

ひとことで言うと、小さい変なおじさんだ。

「もすもす、フランクル三世だっちゃ。んだ、んだ。太陽系の003で、ヒト族おひとりさんでがす。オスで、見た感じ生後二五年から三〇年ぐらいだべ。苦難レベルはAで、いつもの七日間コースだっちゃ。んだ、んだ、延長あったらさ、また連絡すっがら。んでは、サポート入りますんで、族長によろしく伝えておいてけろ」

小さいおじさんは耳にあてていた機械をカバンにしまうと、顔をあげた。

「おばんでがす。はずめまして。コロボックル族のフランクル三世だっちゃ。お悩みを抱える生物たちをサポートしてまだ三〇〇年ほどの若輩者だども、腕は確かですので安心してけろ。んでは最初の……」

なんだこれ。この世の生き物か。

「んだから、コロボックル族のフランクル三世だっちゃ」

いや、そうじゃないよ。おじさん、地球上の生物じゃないよね。一応、一般常識として

おじさんみたいな生き物はこの地球に存在しないことになってるわけで。

「それはヒト族の浅はかさ。目に見えるものしか信じないのは、人間の傲慢さ。あんだ、

コウモリが超音波を出しながら外の世界を認識してるの知ってるべ。でもその音、聞こえ

ねえべさ」

確かに、聞こえないけど。

「コウモリの超音波はヒト族の耳では聞こえない。でもその音は存在してる」

そうだけど。

「ヒト族は、見えるもの聞こえるもの、つまり認識できるものが存在していると考えがち

だっちゃ」

おじさんは頭を片ひじで支え横になった。

「人間の聞こえる音なんてこの宇宙に存在する音のほんの一部。これは聴覚の話。これと

同じ原理が視覚にあると考えたらどうだべ。存在するけど、見えないモノがある。進化途

上生物の限界だべな。人間ってのはほとほと悲しい生き物だっちゃ」

なんだか自分がバカにされているような気がして、ボクは口を開いた。

「進化途上生物って、じゃあ、おじさんはそんなに進化してるんですか」

「やっと喋ったべな。仮に10段階あったとしたら、オラたちコロボックル族はレベル5。んでさ、人間は1よ。大まけにまけて1。そんぐらい。グフッグフグフッ」

ボクのことを指差し笑っている。なんて気色の悪い笑い方だ。

「バカにしないでください」

「そう怒らんで。あんだ不思議に思わねえのが。さっき、喋ってなかったのにオラと会話が成立してたべ」

確かに、言われてみるとそうだ。

「とにかくオラたちコロボックル族は、あんだらヒト族より進化してるべさ。いろんな星でひっそり暮らし、その星に生息する生物が困った時にあらわれて、助けるのが使命。神様からそう仰せつかり、そのための力を授かってるっちゃ。ヒト族は深い悩みを抱えると、ある特定の波長を出す。その波長を察知し同調させる能力をコロボックル族は持ってるんだども、知らんの?」

「そんなの知りませんよ」

「同調がうまくいくとさ、ヒト族にはオラの声が聞こえ姿が見えるっちゃ。地球にラジオってあるべ。ラジオ局ごとに周波数が決まっていて、それに合わせると声が聞こえる。合わせなければ聞こえない。それと同じ原理だべ」

「同じ原理って言われても……」

「悩みの種類、レベルによってヒト族から出る波長は異なり、その違いによって、担当分けがされていて、つまり、あんだの悩みはオラの担当範囲だってこと。いろいろと疑問もあんだろうけどさ、ほれ、こういった基本設定の説明が長くなんとさ、親愛なる読者の皆さんが飽きて本を閉じちゃうべさ。話を先に進めるべ」

「よくわかんないですけど、ボクを助けてくれるんですか」

「それがオラの仕事だっちゃ。グフッグフッ」

おじさんは今度は両手を頭の上にあげて笑いながら腰を横に振っている。上半身が裸に白衣で踊るこのいかがわしい人を、いや、この生き物を信じていいのか。この変態おやじは現実のものなのか。

「誰が変態おやじだぁ」

頬に鋭い衝撃が走った。

「イタっ、そんな尖ったブーツで蹴ったら血が出るじゃ……って、血、出たじゃないですか」

床に置いてあるティッシュを取り出し頬にあてた。

「そんな蚊が刺したみてえなちゃっけえ傷、気にすんなぁ。その痛さ偽物《にせもの》が?」

「わかりました、信用します、信用しますよ」

「最初から信用すれば痛い目にあわんべさ。そういったバカたれだから、あんだのお悩み波長も全開になるんだべ」

「わかりましたって……で、そのお悩み波長って、ボクの場合ひどいんでしょうか」

「波長がどうのこうのでなくてさ、このひっどい部屋の散らかりよう見たら、わたしの人生、うまくいってませんって世界に向かって叫んでるようなものだべ」

悔しいけれど否定できなかった。中身の微妙に残るペットボトルやビールの空き缶や食べ終わったカップラーメンやコンビニ弁当のプラケースが、さらに漫画や週刊誌や脱いだ服が散乱し足の踏み場もない。〝部屋は心の鏡〟だってわかっているけど……ボクの心は、このゴミだらけの部屋みたいなものなのだろう。

ボクの悩み

「だいたいの状況はわかってんだども、どんな感じなんだべ、最近。あんだの口から聞かせてけろ」

おじさんは声のトーンを落として真顔になった。その雰囲気に飲まれてボクは話し始めた。

店長になってから何もかもうまくいかないこと。だからとても虚しいこと。何のために働いているのかわからないこと。人生に意味を感じられないこと……などなど。

おじさんはデスクに置いてあるマウスに腰かけ、うなずきながらボクの話を聴いてくれた。

「それは辛いの～苦しいの～。泣けてくる泣けてくる。どうか神様、この迷えるバカたれを救ってやってけろ」

おじさんは立ち上がり両手を広げて天を仰いだ。

「ボクはどうすればいいんでしょう………」

「んではさ、まず手始めに、これまで生きてきてさ、今みたいに暗い人生じゃなくて、キラキラ輝いてた頃のこと教えてけろ」

「それって過去を振り返れってことですか。過去に何か意味あるんですか」

「ほれ出た。〝お化け〟とかけて、〝意味あるんですか〟ととく、その心は、いつも突然出てきて人を驚かせる」

おじさんのサングラスがキラリと光った。

「上級クラスだべ。どうよどうよ」

「ちょっとそういうのよくわからないんで……」

「なんだべ、つまらんの。まあいいべ、ほいでさ、今の、**〝意味あるんですか〟って仕事のできない人間ほどよく使う言葉**。あんだは完全バカたれ焼肉のタレ。過去に意味があるかないかろくに考えもせずに、すぐに効果の出る何かにすがろうとする。あんだが今日行ってきたセミナーのタイトル何だったたんだべ」

「そっ、それは……」

思わぬ質問に言葉がつまる。

「言えないの。笑わないから教えてけろ」

「ホントに笑いませんね」

「笑わない、ぜったい、約束だっちゃ」

おじさんは小指をたてる。

「約束守ってくださいよ。それはですね……『3秒でハッピーになれる7つの魔法』ですけど……なにか」

ボクは恥ずかしさを感じてうつむいた。

おじさんは無言のままばたりと倒れ、うつぶせになったかと思うと、足をバタバタさせ始めた。

「三秒って、あんだ、三秒って、笑えるそれ笑える、腹が切れる切れる、さすがレベル1。しかも魔法って、あんだ、そんなの本気で信じてんのが?」

大笑いしながら手でデスクをガンガン叩いている。

体が急に冷たくなった。生まれて初めての感覚だ。悪魔ってこんな残虐な感情を常に平然と持ち合わせているのだろう。ボクはデスクに置いてあるボールペンを手にして、爆笑している変態おやじの背中に狙いを定めて迷いなく腕をふり下ろした。

人の気配がする。横を見ると、あの美人先生が立っていた。

「だめよ、命、大切にしないと。おじさんが、かわいそうでしょう」

つばをごくりと飲み込んだ。先生の姿は一瞬で消える。

「魔法ってのはこういうのだべ。ヒト族のエロにいちゃん」

声の方へ視線を落とすと、おじさんがボクの手の甲に立ち見上げている。うわっ。あわてて手を振り払った。

「どうせ笑うんだろって想像はつきましたけど、わかりましたよ、過去についてしっかり考えますので、話を先に進めてください」

「わかればいいべ、エロにいちゃん。さて話を戻して、確かに過去があんだに何かをしてくれるわけではねえべ。んだども、**過去はあんだのかけがえのない財産**だっちゃ。それは過ぎ去って消えるものではなく、心に保存されている資産だべ」

「資産といわれても……そんな立派な過去をボクは持ってませんよ」

「あんだはこの地球上で、いや、この宇宙で唯一の存在だべ。その〝かけがえのなさ〟は、あんだの尊さを証明している。あんだが尊いということはさ、あんだが生きてきた過去もまた尊く価値があるということ。価値があんだから、過去は心の資産と呼べるものだべ」

おじさんは真剣な表情だ。

「心の資産…………ですか」

ボクは独り言のように呟き、そして正座をした。人と真面目な話をする時、正座ができる状況であればボクは自然と正座になる。相手に敬意を払うことになるし、背筋が伸びて疲れないからだ。

キャリアの語源

「キャリアって言葉があるべ。ヒト族は仕事に励み、異動したり転職したりしてキャリアを積んでいく。キャリアの語源知ってるが?」

「語源まではちょっと……」

「素直だべなぁ。それ、あんだのいいとこ、強みだぁ。知ったかぶりしねえ、嘘をつかねえ。そこんとこ大事にしてけろ。もしオラに嘘をつくと、あんだとの同調が不具合を起こして、オラの姿は見えなくなり声も聞こえなくなる。わがったが?」

「嘘をつかなければいいのですね、わかりました」

と言いつつ、彼女に嘘をついたことが胸にひっかかる。

「んでさ、キャリアの語源だども、それは馬車が走ってできた〝わだち〟だべさ。スキーでたとえるなら、自分が滑ってできたシュプール。それを見ればさ、自分がどんなふうに走ってきたのか、滑ってきたのかがわかるべ。そこから、仕事での経験をキャリアっていうんだぁ。将来的なキャリアを考える時、これまでの経験を無視して考えることはできねえべ。今の会社に入るとき、面接で学生時代の経験を聞かれたべ。これが転職になれば、どんな仕事をしてきたのか絶対、聞かれる。過去を聞かれる」

「まあ、そうですけど………」

「なぜ聞かれるんだべ？」

「なぜって、過去にどんなことをしてきたかで、今どういった人間なのかが判断できるからです。将来的にその会社で活躍できる人材なのか否かも」

「それは、過去から今を知り、今から未来を知ることだっちゃ」

「確かに……就活でも上司との定期面談でも、何をしてきたか、何ができて何ができなかったか、つまり過去を聞かれる。過去で今のボクが評価されてしまう。そして昇格や降格や異動や、いろいろと未来のことが決まってしまう」

「過去は今につながり、今は未来へつながる。過去から今へ、そして未来へと光が差し込み、あんだが歩む人生を照らしてるっちゃ」

「でもですね、過去が人生を照らすといっても、ボクが今、感じてるこの虚しさといいますか、このネガティブな感情が消えるわけじゃありませんよね」

過去が意味するもの

「んではさ、ジャンジャカジャ～ン♪って言ってみてけろ」

「えっ」

「はやくはやく。読者の皆さんがさ、こういったところでもたつくと」

「はいはい、わかりましたよ……じゃあ、いきますよ。ジャンジャカジャ～ン♪」

「ど・こ・で・も・砂時計～」

おじさんがそう叫ぶや否や、そばに置いてあるカバンから何かが出てきたと思ったらそれは巨大化し、天井に届きそうな砂時計が現れた。

「やっぱ効果音があると盛り上がるべなぁ。さてさて、んではこの砂時計をひっくり返す。サラサラと砂が下に落ちていく。さあここで問題だっちゃ。この砂時計は【過去】【現在】【未来】をあらわしてっけど、それはどういったことだべ？」

砂時計をしばらく見つめた。ふと、ひらめく。

「上の砂が【未来】で、このくびれている所を通過する砂が【現在】で、下に溜まっている砂が【過去】ということですか」

「あんだ賢いべなぁ。正解だっちゃ。このくびれが現在でさ……グフッグフッ」

「何で、顔、真っ赤にしてんですか」

「このくびれ見るとさ、なんかエッチな気分になるべ。なぬ。あんだもそう。このケ・ダ・モ・ノ」

ボクはボールペンを再びふり下ろす。おじさんは瞬間移動して、ボクの肩に乗っていた。

「危なっ。あんだ優しそうな見た目と違って案外、凶暴ね。んではさ、賢いあんだならわかるべ。未来の砂は過去の砂となりどんどん溜まっていく。これまで生きてきただけ、過去という資産をあんだは溜めてきたって」

「こうして砂時計で見ると、過ぎていった時間は、無になってしまうのではなく、蓄積されることは、わかります」

「この砂時計みたいに、**過去とはあんだがコツコツ溜めてきた豊かな収穫物**だっちゃ。とても幸せとはいえない辛い日々が多かったとしても、この不条理な世界を今日まで生きてきたんだべ。それって、すごいことだっちゃ」

「そうなんでしょうか………」

とやんわり否定しつつ、褒められることのない日々が続いているからか、おじさんの言葉が胸に沁みた。おじさんはいつの間にか、ボクの肩からデスクの上に移動してあぐらをかいている。

「砂時計の空っぽになった所を見て、過去なんて意味がないと嘆く人間は、収穫できたものに目を向けげず、刈り取って何もなくなった畑を見ては嘆いている愚か者みたいなものだべ。何かが失われる時には、何かが満たされている。人間は失ったことに気をとられると、満たされてきたものに気づけない」

「でも、もしボクが満たされてきてるなら、今の虚しさはないはずですよね」

「だから再評価するんだべさ」

「再評価？」

「例えばあんだ、自分の生まれた瞬間のこと覚えているが？」

「そんなの覚えているわけないじゃないですか」

「想像してみてけろ。もしそれを見ることができたらどんなことを感じるべ。母ちゃんが、お腹を痛めて苦しい思いをして、あんだが生まれてくる。その瞬間さ。どうだべ。あんだの母ちゃんも父ちゃんも喜んでたぞ、ものすごく、ものすごく喜んでた。どう思う、その過去を……」

どう思うって言われても、自分の生まれる瞬間を考えたことなんて、これまでの人生で一度もない。どう想像してどう感じていいのかわからない。でも母が、そして父も喜んでいたという言葉を聞き、それがもし本当であれば、後ろを振り返ったら見える過去という長く暗いトンネルの先に、微かだけど力強い光を感じとったような気がして、虚しさで支配されていたボクの心に小さな変化が起きた。

「自分の生まれた時ということであれば、なんだか特別で、とても価値があるように思えます」

「だべ。それを再評価というっちゃ。あんだの過去にも価値があったべ。それは資産だべ。人間は一度にひとつのことしか考えられねえ。まして、嫌なことが重なって憂鬱になると、思考の幅が狭まって、その嫌なことを繰り返し繰り返し考えてしまう。〝嫌なことの堂々巡り〟だっちゃ」

「ここ半年、毎日、毎日、嫌なことばかり考えています」

「今ある嫌なことばかり考えていたら、自分を嫌になるし、人生、嫌になる。虚しくて人生に意味を感じられなくなる。だから〝嫌なことの堂々巡り〟にストップをかける。そのためには、今を評価するより、まず過去を再評価し、自分の価値を思い出す。あんだの過ごしてきた人生は、決してスカスカでねえ。無意味でねえ。ぎっしりと大切なものが詰まってる。よ〜くよ〜く考えてみっとさ、自分の生まれた瞬間が特別に感じられたように、これまでの人生も意味があったたって思える。そう過去を再評価し、自分の価値を再発見できれば、今ある虚しさは少しでもやわらいでいくっちゃ」

「これまで自分の過去を評価したことなんてないです」

過去を愛せる人は、未来から愛される

「父ちゃん母ちゃんがいて、あんだが生まれた。そして友だちや学校の先生や、たくさんの人に支えられて今日まで生きてきた。今、苦しくても虚しくても、生きているのであれば、それは縁のあった人たちが過去にいて支えてくれたお陰でもあるべ。それでも過去に意味はないべか。これまであんだを支えてくれた人たちを否定するのが？」

「そんな……否定なんかしませんよ」

「んだから、他人と比べることなく、自分なりの基準でいいからさ、キラキラしてた頃のことを思い出し再評価してみるべさ。するとさ、今を、これからの未来をイキイキと生き

る力がわいてくるべ」

　おじさんは立ち上がり、一度、後ろを向いたかと思うと、こちらに向き直り腰を曲げておしりを突き出し、両手を銃の形にして言った。

「**過去を愛せる人は、未来から愛される**」

　鼻をふくらませ、どや顔だ。そして大きな声を出した。

「セイ・イエス」

　かなり無理な格好で静止しているので、足がプルプル震えている。真面目なんだか笑いをとろうとしているのか微妙で、どう反応していいのか困る。

「なんですか、そのセイ・イエスって」

「オラの呪文さ。その解説はまだ先。そうでなくて、オラ今、イイこと言ったべ、わかったが？」

「はい。過去って思ってたより大事なんですね……で、ひとつ質問が」

「なんだべ」

「砂時計に〝どこでも〟ってついてましたけど、あれは何か意味があるんですか？」

「ない」

「ないって、いいんですか、有名なアニメのパクリみたいですけど」

「あんだは、そんなこと心配しなくていいべ。美人先生のことでも思い出しながら寝てけろ」

「あ〜それもです、なんで知ってるんですか。先生のこと」

「レベル1は知らなくていいっちゃ。それにしても、これ、うまいべなぁ。初めて食べた」

おじさんが何かを食べている。よく見ると冷蔵庫にあるはずの笹かまぼこだ。

「いつの間に……それボクの大好物ですよ。どうやってそんなに小さくしたんですか。それも魔法ですか」

「これ、いただいていく……では、どろん」

おじさんの姿が消えた。でもどこかから声がした。

「あんだがこれまでの人生で、輝いてたなって思う頃の写真をカバンにでも入れてさ、時々、眺めてみてけろ。気休めって思うかもしんねえけどさ、自分には価値があるって思い出すサインだっちゃ。赤ちゃんの時でも、小学生の時でもいいっちゃ。それと……美人先生に恋するのはやめとくべ。年上女房はあんだに似合わない。ほいじゃさ〜」

「はいはい、わかりました」

ボクは笑った。笑っている自分に気づき、最近、笑っていなかった自分に気づいた。ゴミだらけの部屋を少しだけ掃除してお風呂に入った。湯船につかり、おじさんの言ったことを思い出す。自分の生きてきた過去が資産だって、あんなふうに教えてくれる人っていなかったな。

ボクが輝いていた頃か。人に誇れるような出来事なんて何ひとつない。でも強いてあげれば、小学校から野球をやっていて中学の時に地区大会で準優勝したことかな。あの頃は、高校生になったら甲子園に出るんだって必死に練習してたっけ。懐かしい。

風呂からあがり、引っ越ししてから一度も開けていない段ボール箱を開いた。実家に置いてある昔のアルバムからお気に入りの写真を抜き出し持ってきていた。一枚の写真に目がとまった。仲間と肩を組み、はちきれんばかりに笑うボクがいた。しばらく眺め写真を手帳に挟んだ。

おじさんの言葉を書き込んだ。

今日の学び

過去を愛せる人は、未来から愛される。

これって
ブラック企業ですよね？

スーパーバイザー

翌日、小さいおじさんの教えが効いたのか、何かが変わるような気がして、ボクは少し前向きな気持ちで出勤した。

バックヤードに入ると、スーパーバイザーが腕組みをして椅子に座っていた。その姿を見た瞬間に昂揚《こうよう》した気分は消し飛んだ。朝一番で奴が来るのは、ボクがしでかした失敗を叱責する時だ。

「目標未達の店長さんよ、かなりご活躍のようで、ゴキブリ一匹、見事にお客様の前で処理したって聞いたよ。お喜びの電話が入ってよ、二度とこの店には足を運びませんだってよ。本社のクレーム担当の部署から報告があって、部長の耳に入って、俺が説教くらったんだよ。昨日の会議といい、このゴキブリの件といい、なんで俺に恥かかせんだ。店にゴキブリが出るってことは、お前のマネジメントが最低レベルだってことだろ」

ボクは奴の顔を見ることができず床を見つめた。

「整理、整頓、清掃、清潔、しつけの5Sが徹底されてねえからゴキブリが出んだよ。クソ汚ねえバックヤードだな。ロッカーの扉が開いてるし段ボールが散乱してるしホコリもひどい。整理、整頓、清掃、清潔、しつけの徹底を行うのは店長の最優先業務だろ。売上不振の理由なんか分析しねえでもわかるわ。ゴキブリが全てを説明してくれてるよ。店に害虫を出すお前は、会社の害虫だ。わかるか。お前がゴキブリなんだよ。これからどう改善していくのか、根拠を示してみろ。根拠だよ根拠」

「根拠といいますと、スタッフへの指導を……」

「お前には自分の意見が無いのか。それでも社会人か。店長か。スタッフの上に立つリーダーか。言いたいことがあんならよ、俺はちゃんと聞くよ。不満があんなら言い返してみろ」

聞くと言うが、ボクが話そうとすると、それをさえぎるように言葉をかぶせてくる。

「ですので……」

「お前、コミュニケーション能力が欠落してんな。この間、心理学の本を読んだらよ、小さい時の親との関係が、大人になってからのコミュニケーション能力に影響するって書いてあったよ。お前、トラウマでもあんじゃねえのか。一度、病院に行って診てもらってこいよ」

奴は薄ら笑いを浮かべてボクを指差した。

「病院って、何もそこまで……」

「そこまでだっていうなら、どこまで言えばわかるんだ。ゴキブリ出してお客様に迷惑かけて本社の人間に時間を使わせて、それで改善策も考えねえで出社してくる。どういう神経してんだ。アンビリーバボーだぜ。会社はお前に給料払ってんだぞ。銀行口座に振り込まれてるだろ。お前が今着ている服も靴もその金で買ったんだろ。成果をあげられない人間はうちの会社にはいらねえんだ。どうすんだ、店長続けるか。会社、辞めるか」

それから開店までの約三〇分間、ネチネチ叱られ続けた。この人、世界から消えてほしい。うちはやっぱりブラック企業だよ。

心のかさぶたはがし

仕事を終えて電車に乗った。体がだるい。頭はベルトで締め付けられているようにジンジン痛む。駅で降りて近くのコンビニに入った。お弁当コーナーの前に立つ。食欲がない。でも何か食べないと。ゆで卵をひとつ買った。腕時計をみると日付が変わろうとしている。自宅の鍵を回し、ドアノブに手をかけた。小さいおじさんはいるのだろうか。扉を開き部屋に入った。

「うわ～、なんだべ、そのオーラ。不幸オーラ全開だっちゃ。そんなん見たの一〇〇年前かぁ。ちゅうことは、一〇〇年に一度の不幸オーラだべ。それに比べて、おらのオーラは、どおーら？」

部屋の真ん中にあるローテーブルの上に立って、笹かまぼこを手にした白衣に黒タイツ姿の生き物が、おやじギャグをぶっこんできた。疲れ果てた心と体にあまりにもきつい。

ボクはベッドに直行し横になると、腕を組んでおじさんに背を向けた。

今のダメか、ヒト族には受け悪いべなぁ。プレデアス星ではどっかんどっかん爆笑の嵐だったんだども……とかなんとかブツブツ言い終わると、声をはった。

「トラウマあってもいいっちゃ。昨日の美人先生もスーパーバザーも、心の知識ふりかざして、人の心さ痛めつけて、使い方、間違ってるべ」

おじさん、スーパーバザーじゃないよ、スーパーバイザーだよ。

「特に、美人先生のは、『過剰解釈』っていってよぐねえよ。あれでは、ハッピーでなくてアンハッピーになる魔法だっちゃ」

ボクは過剰解釈という言葉が気になったけれど、喋る気にはなれなかった。

「トラウマ無い人なんていんのが。誰だって大なり小なり心に傷を負って、生きてるべ。

心に受けた傷が、悪さすることって確かにある。それは否定しないっちゃ。んでもさ、あんだが生きて日々行動する、その理由の全てを心の傷とかトラウマとか、そうした心の世界で働く仕組みだけで説明できんのが。父親への仕返しだとか、劣等コンプレックスを解消することが真の目的だとか、そういった分析も結構だども、人間って内側の世界だけでなくて、もっと外の世界からの働きかけがあって生きてるんでねえのが?」

気になっていることをずばりと言いあて話題にしている。ボクはおじさんの方を向いて口を開いた。

「じゃあ、トラウマなんて気にしなくていいんですか」

「あんだは気にするレベルの傷ではなかった。あんだ、昨日の頬の傷どうなってる」

頬に手を当てた。

「かさぶたになってます」

「なんでかさぶたができるんだべ」

「傷を治すためです」

「そのかさぶた、はがしたらどうなるべ」

「血が出ます」

「昨日の美人先生がしたことはそれっちゃ。〝心のかさぶたはがし〟さ。誰だって心に傷

を負った経験はある。んでもさ、時は薬なりで、その多くは時間の経過とともに癒されていく。〝時薬〟とか〝日にち薬〟って言葉、聞いたことあるべ」

「何かの本で読んだ記憶が……」

「だども傷が深いと、かさぶたの期間は長くなる。んだから大人になっても残る。そのかさぶたをトラウマとするならば、昨日、美人先生がした深層心理の分析は、あんだの心に残るかさぶたを必要もないのに無理にはがしたようなものだっちゃ。美人先生の罪、重いべなぁ」

「それを過剰解釈っていうんですか」

「悪気はないんだろうけどさ、やり過ぎなんだべ。かさぶたのままにしておけば悪さしないのに、下手に手をつけるから心の傷が疼き出す。有名な先生が言うことだし、言われてみれば思い当たることもある。すっとさ、うまくいかないことを何でもかんでもトラウマのせいにしだすっちゃ。私の不運はトラウマのせいだ、過去が悪いんだ、だからトラウマをなんとかしないとってな、これがよくないべ」

「でも長い間、父親との関係がこじれてるのは事実なので」

「今、いろいろとうまぐいってねえの、父親との関係に原因があるって思ってんのが？」

「そう思ってないと言えば嘘になります。美人先生に言われて、おまけに今日も奴に言われて……あ〜むかつく、あいつ死んでほしい」

ボクは奴の顔を思い出してしまい、それを消し去ろうと頭を横にふった。

思考の癖

「んでもさ、美人先生に〝心のかさぶたはがし〟されたのは、あんだが引き寄せたことでもあるべ」

「なんですかそれ。別にトラウマが知りたくてセミナーに参加したわけじゃありませんよ。

変なこと言わないでください」

「んじゃさ、何でセミナーに参加したんだべ？」

何でって、理由は簡単だ。ボクはベッドで体を起こし正座になった。

「昨日も話しましたけど、ここのところ自分の人生、うまくいってないんです。虚しいというか、自分の人生に意味を感じられないというか、昔から自分があまり好きじゃないというのもありますし、このままの自分じゃダメだと思って、自分を変えたかったんです。昨日、おじさんに爆笑されてしまいましたけど、三秒は大げさでも、幸せになれるなら、なりたいじゃないですか。自分の夢だって叶えたいし、なりたい自分になりたいというか、成功したいというか、それで、夢への最短距離を走るために分析もしてくれるというので……」

「あんだ、ほんとに自分が好きだべなぁ。あきれるべ」

おじさんはあぐらをかき、耳かきらしきもので、耳をほじりだした。

「そんなことありませんよ。小さい頃から、何のとりえもない平凡な自分が好きになれなくて、ずっと悩んできたんです。自分を好きになれたら、どんなにいい気分なんだろう。自分を好きになれない苦しさ、これがどれほど辛いか、これはボクにしかわからないことです」

クラッカーの破裂音がして、紙吹雪が舞った。

「パンパカパ～ン、はい、新記録達成。おめでとさんです。三〇秒で一〇回って、オラが担当した仕事で新記録だべ。〝自分が好きで好きでたまらない賞〟の受賞だっちゃ。副賞はこちら、とれたて新鮮間違いなし。宇宙から愛を込めて」

おじさんは耳垢のついた耳かきをボクに差し出した。

「そんなのいりません。バカにしてんですか」

「まあまあ、そう怒らんでけろ。怒りは三毒、からだに悪いべ。んだども、気づかんべかなぁ。あんだなかなか賢いんだからさ、気づいてほしいべ、自分で……」

「自分でって、何をです」

「自分でさ」

「自分でと言われても……」

何を言おうとしているのか、まったくわからない。

「んではさヒント。さっきオラがセミナーに参加した理由を聞いた後、あんだの長セリフが二箇所あったべ。もう一度そこさ読んで、一番多く出てきた言葉を探してみてけろ。さあ読者の皆さんもご一緒に」

（確認中……）


「あっ」

「答えは？」

　言わんとしていることがなんとなく理解でき、ボクはおじさんから目をそらした。そして、小さな声で言った。

「自分……です」

「だべ。あんだの思考は、自分自分なんだぁ。オラがいう〝自分が好き〟ってのは、〝自分のことを考えることが好き〟っていう意味だっちゃ。自分を分析したいとか、なりたい自分とか、理想の自分とか、自分自分だべ。そんなふうに自分を中心にしてこの世界を考える。それがあんだの思考の癖で、何かっていうと〝自分が自分が〟になる。んだから昨日のセミナーにも参加したんだべ」

「でも、自己分析して自分のことを知り、なりたい自分や理想の自分を思い描いて、それに近づこうと努力するのはいけないことですか」

「全然いけなくないべさ。自分を知ることは、ものすごく大事だっちゃ。古今東西、優れたリーダーほど自己理解能力が高い。なぜって、己を深く知る者は他人を理解できるから、他人を理解できればより的確に人心掌握できるから。あんだ店長だし、人の上に立つリーダーだし、自分を知ることは必須だっちゃ。それに、なりたい自分、理想の自分も存分に描くといいべさ。夢は人生にはりを与え、生きがい感をもたらすっちゃ」

「じゃあ、何がいけないんです」

「あんだが感じてる虚しさとか意味の無さって、何が原因なんだべ？」

「仕事がうまくいってなくて、職場での人間関係にもつまずいていますし、理想の自分になってないから、つまり全然、成功してないからです」

「理想の自分になってねえがら、成功してねえがら、虚しい？」

「もっと仕事ができて、もっと尊敬されて、もっと年収をあげて、もっといい所に住んで、海外にもどんどん行って、ＭＢＡとかもとって、それでアジアの子どもたちへの教育プログラムを実現して、理想の自分になれたら、夢を叶えたら、虚しさなんて絶対に感じませんよ」

「そうしたガツガツした感じ、オラ好きだべなぁ。夢を描きそれに向かって努力する。ヒト族最高。人間ブラボー。んでもさ、あんだの理想があんだの虚しさを生み出してるって考えられねえが？」

「だって今、夢は人生にはりを与えるって言ったばかりじゃないですか。おじさん、矛盾してますよ」

「理想の自分になれないから虚しいんだべ。ちゅうことは、理想の自分がなければ、虚しさは無くなるべ」

「そんなの屁理屈ですよ。夢をあきらめろっていうんですか。人生の負け犬になれっていうんですか」

「成功することや理想の自分に向かって努力することを否定してるんではないべさ。あんだ、学生時代に理想だと思ってた仕事を今してることに気づいているが。グローバル企業に入社して、一日も早くリーダーさなって実力をつけたい。そう思ってたべ。あんだの夢さ、今、叶ってるべ。成功してるっちゃ」

なんで知ってる。

「なのに今、虚しくて人生に意味が無いって感じる。つまりさ、このままのあんだでは、理想通りになっても、夢を叶えても、どれだけ成功しても、いつかまた虚しさにとらわれ苦しむっちゅうこと」

「でも夢が叶って成功したら、単純に幸せになれるって誰だって思いますよ」

「そこが違うべさ。成功したら本当に単純に幸せになれるのが。自己の欲求を中心に描く夢にはきりがない。ヒト族には欲があり成功しても次の成功次の成功と、もっともっとになってしまう。あんださっき、何回『もっと』って言ってた」

「そっ、それは……」

「線路は続くよどこまでも、人間の欲も続くよどこまでも。もっと仕事ができて、もっと尊敬されて、もっと年収あげて、もっともっと。この際限の無さをちょっこら難しい言葉で〝悪無限性〟なんて言うべ。際限無き欲の追求はいつまでも満たされることがなく、必ずいつかどこかで破綻する。んだから虚しさは成功者にも襲いかかる。あんだがうらやむような経済的に成功してる大富豪だって、人生に意味が感じられず絶望することがある。どんだけ、そういったヒト族を助けてきたことか」

「じゃあ、どうしろっていうんです」

わけがわからなくなってきた。

生きる意味

「こわいこわい、鼻毛が三本出てるし、あんだ読者からの好感度さがるよ。んではさ、逆を考えてみるべ。あんだが思い描くような成功とは無縁でも、人生に意味を感じながら、明るく元気に生きてる人っていねえが？」

「急に、誰って名前は出ないですけれど、いないことはないと思います」

「理想の自分には程遠いけれど、人生には意味があり生きる価値がある、そう思いハッピーに生きてる人ってたくさんいるべ。あんだが追い求めるような成功には目もくれず、十分に幸せを感じて生きてる人たちが。さてここで、これこれ。ちょっと待ってけろな」

おじさんが近くに置いてある黒いカバンに向かって叫ぶ。

「五次元ホワイトボ〜ド♪」

なぜ五次元がつくのかよくわからない、どこの会社にもよくある普通のホワイトボードが現れた。おじさんは白衣をはためかせながら宙に浮かびあがった。

「まんず、十字を書く。縦軸の上が『意味』で、これは意味が実現されるということだべ。下が『絶望』で横軸の右が『成功』で、左が『失敗』っと、これでどうだべ」

ボクはホワイトボードに書かれた図を眺めて言った。

「なるほど。成功しても絶望があり、失敗しても意味がある、ですか」

「あんだは成功したらハッピー、失敗したらアンハッピーという、成功と失敗の結果に依存する人生観の持ち主なんだべさ。つまりさ、この横軸だけで生きてる。自分の夢とか理想の自分にこだわり、それが成功しているか失敗しているかで自分の人生を評価する。い

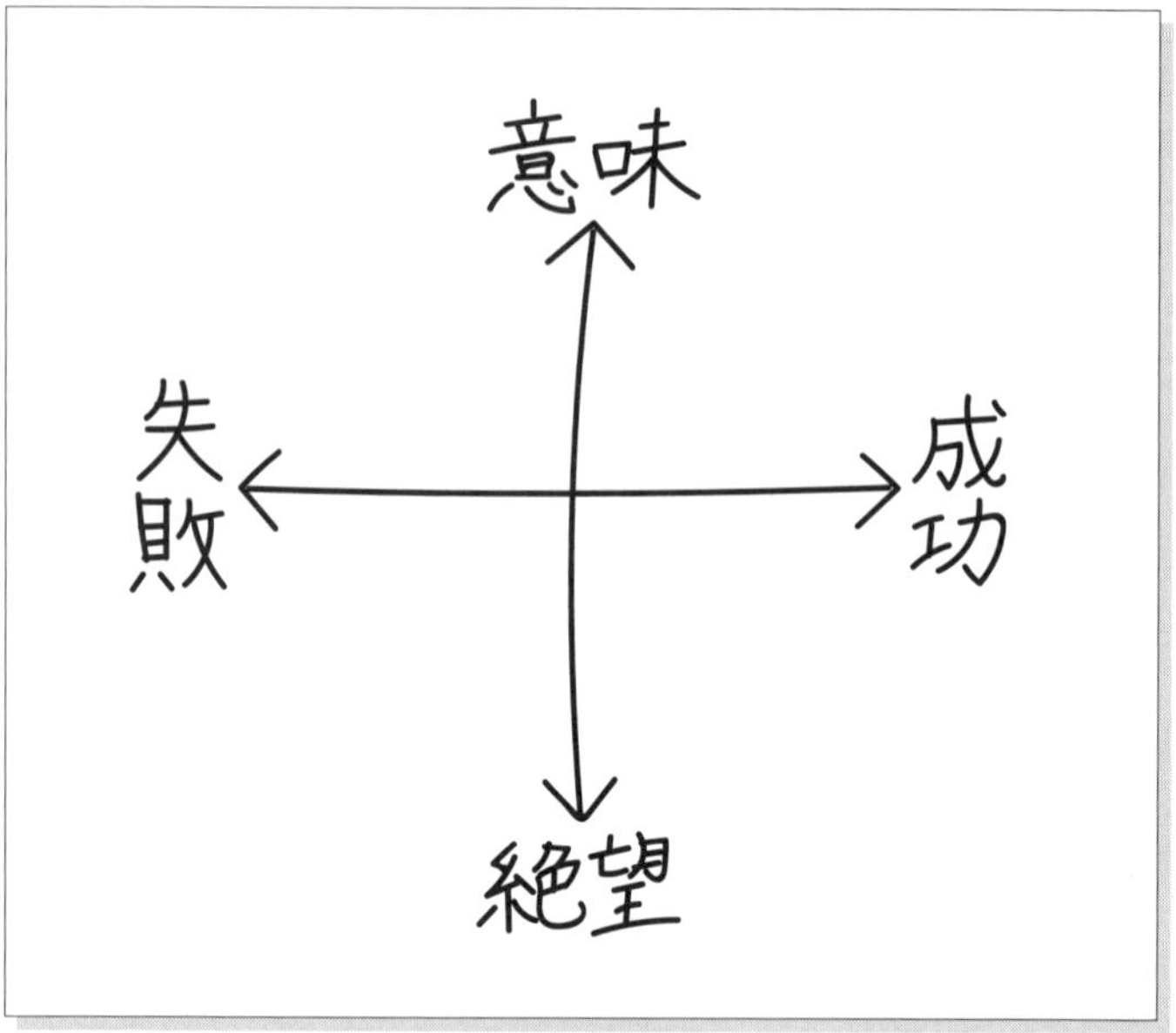

わば自己実現欲求のモンスターだべな」

「でも、自己実現欲求って、人間の最高の欲求だってセミナーで習いましたけど」

「それはいいべさ。自分らしさを活かす、夢を実現する、なりたい自分になる、そうした自己実現を目指す情熱や意欲を否定してるわけではないっちゃ。夢に向かって生きるって素敵な生き方だべ。自己実現欲求は必要だし大事。ポイントは、『自己実現への意志』、つまりさ、この図の横軸だけの人生観だと挫折しやすいってことだべ。心が折れやすいってこと。おたくが今まさにそうでねえが？」

「そう言われると……そうなのでしょうけど……」

でも、まだ納得はいかない。

「仕事はぼちぼちでも、とても成功しているとはいえなくても、人生に意味を感じて笑顔で生きていけたらめっちゃハッピーだっちゃ。ヒト族には**『生きる意味』**を求める強い欲求がある。これを〝**意味への意志**〟という。んでさ、世界は意味に満ちあふれてんのだから、**どんなに辛い状況にあっても、人はその意味で自分を満たすことができる**っちゅうこと」

ボクは首を傾げた。

「世界は意味に満ちあふれてるって言われても、今のボクは人生に意味を感じられてないわけで、それで虚しいわけで、机上の空論にしか聞こえないんですけど」

「**意味は自分の力で発見するもの**だっちゃ」

「発見っていっても、ボクの意味はどこにあるんですか。この部屋にも会社にも街にもありません。これから先だって、とても発見できそうにないですよ」

「それも自分自分で、自分が中心だべ」

「意味わかんないです。話がすりかわってますよ。『ボクの意味がどこにあるのか』って話をしてましたよね。意味があるのか無いのか、です」

おじさんの話に意味を感じられなくなってきた。

人生からの問いかけ

「あんだの人生観は、自分が実現しようとしていることに焦点があっていて、いつでも出発点が自分なんだぁ。自分の欲求が満たされることを『意味がある』とするのではなく、人生からの求めを満たすことに意味を見出すんだぁ」

「人生からの求め……？」

「あんだ昨日、寂しげに呟《つぶや》いたべ。『こんな人生、生きてて意味あるのかな』って。それって誰に問いかけてるんだべ」

「誰にって、別に独り言ですから、強いていえば、自分にというか自分の人生にでしょうか」

「んで、人生は答えてくれたが？」

「答えるわけないじゃないですか、人生は喋りませんよ」

「だべ。人生は答えてくれない。答えをくれない。すっとさ、この世界に意味は無いと思えてますます虚しくなる。それは、**自分を中心にして人生から答えを与えてもらおうとする思考パターン**だべな。なりたい自分も夢を実現したい自分も、人生から与えられることを期待する人生観だっちゃ。そこで、あんだの人生観をひっくり返す。自分を中心にして人生を見るのではなく、人生を中心にして自分を見るっちゃ」

「人生を中心に自分を見るって……何なんです。ボクの意味があるか無いかの話はどこ行っちゃったんですか」

おじさんがボクの顔に近づく。

「人生に意味があるか無いかと問うことはない。なぜなら、人生が人間に意味を問うているから。**人とは問われ、その問いに答える存在**。んだから、意味を問う者から、問いに答えていく者になる」

「問う者から答える者へ、ですか」

「**人生はいつでもあんだに問いかけてるんだぁ。いろいろと悩ましい出来事をあんだに差し出し、『どうしますか?』ってな**。その問いにひたすら答えていけば、人生の意味はきっと発見されるし、生きる意味を実感できるっちゃ」

「できるっちゃって言われても……」

「どんなに今が憂鬱でも、未来には待っている人がいて、すべき事が必ずあるべ」

「あるべって言われてもですね……」

「んだから、どんな時にも、できることがある。未来で待ってる誰かのために何かのために、今できることが必ずある。それはつまり、いつでもこの世界は意味に満ちあふれていて、どんな人のどんな人生にも意味があるということだっちゃ」

おじさんは、空中でまたへっぴり腰ポーズをとって声をはった。

「セイ・イエス」

この言葉とポーズが大好物のようだ。

とても大切なことを言ってると思う。虚しさとかやるせなさを突き抜けるヒントがそこにあるような気がする。

だから「なるほど」と言ってはみた。

でも、心がついていかない。ただの言葉遊びのような。ボクを勇気づけようとしていることが痛いほどわかるから、申し訳なさそうに疑問をぶつけてみた。

「人生が問いかけるといっても、実際は、問いかけないですよね」

「そんなのあたりまえだべ。問いかけは、現実の出来事によってなされる。例えば今日、店長失格だ、ゴキブリだ、トラウマだって散々言われたべ。それが人生からの問いかけだっちゃ。その問いに対して、あんだは『何も言い返さない』という答えを人生に差し出した」

「言い返せないですよ。上司ですし、口は立つし、反論したら一〇〇倍になって返ってきますし……」

「そういうのを自己正当化っちゅうんだ。『言い返せない』じゃない、『言い返さない』だべ。あんだには意志がある。人生の問いにどう答えるかを選びとる意志がある。あれだけ言われたら、『それはなんでも言い過ぎです』とか、『ゴキブリならゴキブリで結構です』とか、『トラウマあったら働いちゃいけないんですか』とか、勇気を出して言い返すという選択肢はあったべ。その選択肢をあんだは自分の意志で選びとらなかっただけだべ」

「そんなの、ただの正論ですよ。理想論ですよ。何の役にも立たない空論ですよ。おじさんは、何もわかっちゃいない」

「上司だからとか口が立つとか、そう言って自分の意志を否定して自己選択の責任を誰かに、他の何かに押し付けようとする。だから、あんだは変われないんだべ」

「できるんだったら、そうしてますよ。できないから苦しんでるんじゃないですか。できないから……」

奴に問い詰められているようで息苦しくなった。おじさんは冷静だ。

運命は変えられる

「人生からの問いにどう答えるかは、いつでも自由だぁ。あんだが平凡でも才能がなくても、その自由は守られている。黙っていてもいいし逆ギレしてもいい。だども、その答え方次第であんだの生きる意味は満たされもするし、失われもするっちゃ」

自由という言葉がひっかかりボクは反撃に出る。

「今、自由って言いましたよね自由って……でもですね、生まれ持って才能があるとか、イケメンだとか美人だとか、もともと性格的にリーダータイプだとか、家が金持ちだとか、あるじゃないですか。つまり、生まれ持ったものによって生きがいとか幸せとか、人生に意味を感じられる度合いは、自分の意志に関係なく大きく左右されるんですよ。これって全然自由じゃない。実際に親の所得が高い子どもほど高学歴だっていうデータもあるし、自分の意志では選べないことが人生には山ほどあるんです」

おじさんは、飛ぶのをやめてローテーブルに戻って寝そべった。

「んだ。選べねえ。どの親から生まれるか、どんな才能をもって生まれるか、それは選べねえ。そこに確かに自由はないっちゃ」

「ボクの言い分を認めるんですね」

「その点については認めるべさ。んではさ、親とか才能とか容姿とか、そうした自由にならない生まれ持って人に宿る条件をここでは『宿命』と呼ぶことにするべ。人は宿命を変えることはできねえ。だども、**宿命を引き受けることで『運命』を変えることはできる**」

「宿命ではなくて、運命を変える？」

「運命とは〝命を運ぶ〟と書くべ。どう自らの命を運んでいくか、つまり、生まれてからどう人生を創っていくのか、そこに自由はあるべ？」

「まあ、そうかもしれませんが……」

「天才と呼ばれる人がいる。裕福な家庭に生まれる子がいる。逆に、凡庸な才能しかなく貧しい家に生まれる子がいる。そこに自由はない。だども、貧乏であることや才能がないことで、その人の人生が決まってしまうのが？」

「そっ、そんなことはないですが……」

「貧しい家庭環境にあったから、親を楽にしてあげたいとか、社会を豊かにしたいとか、そうした夢を抱き、努力に努力を重ねて才能を開花させて、だからこそ成功した人っているべ。宿命を引き受けて運命を変えていった人はよく言うっちゃ。あの逆境があったから自分は成功できた。あの貧しい家庭環境にも意味があったって」

ボクはおじさんから顔をそむけた。

今と未来を変えれば、過去の意味は変えられる

「**辛い時に大事なのは〝幸運の引き寄せ〟でなくてさ、〝宿命の引き受け〟**だっちゃ。変えられないコトはそのまま引き受ける。そして変えられるコトに集中し全力を尽くす。それが結果的に、幸運を運んでくるべさ」

「〝引き寄せ〟ではなく、〝引き受け〟ですか……」

「んだから、自分の宿命を恨むのではなく、引き受けた宿命から何を、どんな人生を創りだすかを考える。こっちの方が大事だべさ。そんなふうに考えて命を運んでいけば、無意味と思えていた自分の過去にも意味が満ちてくる。これが、過去の事実は変えられないけど、今と未来を変えれば、過去の意味は変えられるということだっちゃ。さあ、どうする。今の辛い状況からどんな人生を創る。その問いにどう答える？」

「急にそう言われても……」

ボクは答えを見つけられず黙り込んだ。

「こんなふうに、人生は毎日あんだに問うているのさ。そして、あんだはその問いに具体的な行動で答えていきながら、価値あるものを創造し、人生を意味で満たしていく」

「価値あるものを創造するって言われても、僕は洋服を売ってるだけですよ」

「仕事をしている限り、あんだはこの世界に価値あるものを創り出している」

「そう言ってくれるのは嬉しいんですけど……毎日毎日、お店に行ってレジ打ってお客さんの対応して洋服たたんで売上集計して、目標を達成できず、それで叱られ続けて、部下に嫌み言われて、同じことの繰り返しです」

「そんな自分で自分を否定しないでけろ。もっと自分を大切にしてけろ。悲しくなるっちゃ」

ボクはうなだれ、ため息をこぼした。

「オラは何度でも言う。それでもあんだは価値を創造していると。今はまだよくわがんねえかもしんねえけど、残りの五日間でオラと一緒に三つの価値を実現していけば、オラの言ったことがわかる。三つの価値とは、ひとつ目が『**創造価値**』、二つ目が『**体験価値**』、三つ目は『**態度価値**』だべな」

ボクは顔をあげた。

「三つの価値ですか？」

「んだ。三つの価値。今日はいろいろ喋ったから頭パンクしたべ。明日から、ひとつひとつやっていくべさ」

「ちょっと盛りだくさんで……でも、今まで聞いたことのない人生論ですし、もしボクの人生に意味があるのならば、その意味を発見したいです」

「んだ、その意気だっちゃ。さあ、もう遅いからこれくらいにするべ。明日はあんだの会社にお邪魔すっからな……それではどろん」

「お店にって、大丈夫なんですか、他の人に見えたりしないんですか」

おじさんの姿は見えなくなり、また声がした。

「そんなレベルの低い心配なんかしなくていいがら、今日、オラが言ったこと整理しといてけろ。明日から実践編だっちゃ。ほいじゃさ〜」

「はい……」

と答えてみたものの、おじさんの考え方は哲学的過ぎてボクには向いていないような気がした。疲れた体で手帳を開いた。一枚の写真が床に落ちた。昨日、挟んだ少年野球時代の写真だった。準優勝か。仲間と力を合わせて結果を出し笑顔になる。店長になってから一度も味わっていない感覚だ。あの頃はよかったな。あの日に帰りたい……。

全ての人の人生に意味があると言われても……。こんな状態で自分は変われるのだろうか。あっ、この「自分が、自分が」がいけないのか。このことは耳に痛かった。胸にぐさりときた。

手帳に〈今日の学び〉を書くと、強烈な睡魔に襲われ、ゆで卵も食べずにボクはベッドに横たわりそのまま眠りに落ちた……。

今日の学び

人が人生の意味を問うことはない、人は人生から問われている存在であるから。

自分を超えるって何ですか？

そのワイシャツをよこせ！

「ママ～、帰ろうよ～、ねえ、帰ろうよ～」

かれこれ三〇分以上、子どもの声がお店に響き渡っている。子と手をつなぐ母親は、店内をあちこち歩き回った後、バーゲン品が詰め込まれたラックの前で立ち尽くしている。子どもがだだをこねる光景は見慣れたものだ。お母さんの顔が思い詰めているようで気になる。商品棚を整理するふりして、距離をとりながら見ていた。

「あの、すみません」

母親が近くのスタッフに声をかけた。五〇％オフの白いワイシャツを手にしている。

「これ、Mサイズ、ないですか？」

「そのラックになければ、ありません」

「在庫とかも？」

「ですので、そのラックになければないです」

もっと丁寧に接客しろよ。例のボクにくってかかる社員だ。なんでそんなに冷たい対応なんだ。

「そうですか」

母親は首をうなだれ出口へと歩いていった。ボクは後を追った。

「あの、ワイシャツ、お急ぎですか」

背中に声をかけると、母親はふり返り驚いた顔をボクに見せた。

「急ぐというか、明日、あればいいなって……」

「これから三〇分ほど、お待ちいただくことはできますか」

「といいますと……」

「ここに在庫は無いのですが、近くにある別店にあるかもしれません。今すぐ問い合わせてみますので、それでもし在庫があれば、お持ちすることができます」

母親の顔が急に明るくなる。

「本当ですか。時間はありますけど……場所を教えてもらえれば自分で行きますけど……」

「お子さん、もうお疲れみたいですし……」

母親はその場に座り込む我が子の姿を見てから、申し訳なさそうに言った。

「そうですね。そうしてもらえると助かります。同じ五〇％オフで大丈夫でしょうか」

「もちろんです」

ボクはバックヤードに飛んでいき電話をかけた。まだ三枚もMサイズが残っていた。母親のもとに戻り、在庫があることを告げた。スタッフに「外出してくる」と一声かけて別店へと走った。

店に入りスタッフに聞くと、バックヤードに準備してあるという。気持ちを高ぶらせて扉を開ける。えっ、なんで。スーパーバイザーが立っていた。ワイシャツを手にしている。

「店長失格だな。ゴキブリさんよ」

からだが凍りつく。

「店をほったらかして勇者きどりか。それじゃマネジメント放棄だろ。お客様に来てもらえば済むことじゃねえのか。もしくはよ、部下に指示してこっちによこすのが店長の仕事だよな。違うか」

「そっ、そうかもしれませんが……」

「それによ、店舗間での商品移動は俺の事前了承が必要じゃなかったのか。店長なら知っててて当然の社内ルールだけどな。一昨日、頭打って記憶喪失にでもなっちゃったのかな、ゴキブリ店長さん」

「なんで、そういう……」

ボクは奥歯を噛みしめた。

「何だよ。言いたいことがあるなら、はっきり言えよ。言えないってことは、まだ病院に行ってないのかな」

奴はワイシャツを指先でつまみ、ぶらぶらと横にふった。なんて最低の人間なんだ。こんな奴が上司をしてていいのか。

「体が震えてるよ。どうしちゃったのかな。またトラウマかな。黙ってたら仕事は進みませんよ。ご両親もさぞ心配してるだろうな～」

どうして親のことまで言うんだ。どうして……。足の悪い年老いた母親の顔が目に浮かんだ。その瞬間、ボクの中で何かが壊れた。夢遊病者のようなおぼつかない足取りで奴ににじり寄った。

「お客様が困ってるんだ。明日、お母さんが……ワイシャツなんだ。なんでわかってくれないんだ。早くしないとあのお母さんが……」

「何言ってるんだ、お前」

「ワイシャツがいるんだ、わかるだろ。よこせよ。それ、よこせよ」

ワイシャツを奪おうと奴の体に抱きついた。

「やめろっ」

「そのワイシャツがいるんだよ。よこせよ、よこせよワイシャツ、待ってるんだお母さんが、お客様が……」

奴がたじろいだ瞬間にワイシャツを奪い取るとボクは逃げるように外に出て、無我夢中で街を走り、何度か道行く人にぶつかり頭を下げてまた走り、どこをどう走ったかはよく覚えていないけれど、自分の店に戻った。


「ありがとうございます。本当に、ありがとうございます」

母親は何度もボクに頭をさげてくれた。どうしてこんなに喜ぶのだろうと不思議になるほど喜んでくれた。

「こちらこそありがとうございます。ぜっぜひ、またのお越しを、おっお待ちしています」

一緒に喜びたかった。けれど、感謝の言葉を口にしながらこれから起きる恐ろしい出来事を想像してしまい、憂鬱な気分を笑顔に混ぜてしまった。

「おにいちゃん、顔が変だよ」

母親と手をつなぐ子どもが言った。

「急いで走ってきたからかな。少し疲れたのかも」

子どもは鋭い。確かに疲れている。でもそれは走ってきたからじゃないよ。人生に疲れているんだ。

説教

夜、八時五〇分となり閉店を知らせる音楽とアナウンスが店内に流れた。九時を過ぎてお客様がいないことを確認し、店の扉に施錠する。フロアにスタッフ全員が集合して終礼を行っていると、予想通り奴がやって来た。遠くからこっちを見ている。「お疲れ様でした」。最後に皆で声をかけあうと、あごでバックヤードへ行くように命令された。

スタッフ全員を送り出してからボクは奴のもとに向かう。スーパーバイザーは椅子に座り足を組んでいた。目を合わせられず、視線を床に落とした。

「ワイシャツのお客様はどうした？」

「はっはい、かっ帰られました」

恐れのあまり、言葉がつかえる。

「閉店してんだよ、そんなことはわかってる。俺が聞きたいのは、お客様にご満足いただけたのか、そうでないのかだ。なんで店長がそんなこともわかんねえんだ。バカじゃねえのか、お前」

「ごっ、ご満足いただけたと思います」

「その根拠は？」

「こっ根拠は、何度も頭をさげて、ありがとうございますと、言ってくださいました。でっ、ですので、たぶん、ご満足いただけたと思います」

「たぶん？」

「いえ、たぶんではなくて、ご満足いただけました」

声がうわずる。

「社内ルールを守らなかったのは人事評価に響くぞ。減点の対象だ。部長には報告しとく。わかったな」

「はい」

「何か言いたいことはあるか」

「いえ」

「ほんとに何もねえのか。どうしてお前は自分の意見を言わねえんだよ。言いたいことあるだろ。言ってみろよ」

それからまた説教が続いた。

店長失格であることだけでなく、無能だとかバカだとかアホだとか、ボクの人間性を否定する言葉を吐きかけられた。トラウマの話もまた出て、病院に行くように命令された。早口でまくしたてる侮蔑的な言葉の数々は、やがて意味の無いただの音に変化し耳の奥で響くだけになった。ボクはそこにいながら、そこにいなかった。

「てめえ、聞いてんのか」

奴は両手でボクの胸ぐらをつかむと体を宙に押し上げた。

「人をバカにすんのもいい加減にしろよ、ゴキブリ」

苦しい。息ができない。

「すみま……せん……すみま……」

奴は「だめだな、こいつは」と言わんばかりに首を横にふると、手を離して無言のまま部屋を出ていった。

椅子に崩れ落ちた。部屋が薄汚い黒い空気で満たされているようだった。デスクに肘をつき両手で顔をおおう。虚しさに支配され何もかも嫌になる。なんでこんな思いをして働いてるんだろう。これでも働き続けなきゃいけないのか。涙をこらえる。デスクに身を伏せ、目を瞑った。

おじさん、これでも意味があるって言えますか。今のボクの人生に意味なんて無いんですよ。結局、現実は何も変わらないんだ、何も……。

無我夢中

「ワイシャツよこせよ〜、ワイシャツ、ワイシャツよこせよ〜」

目をあけると、おじさんがデスクの上で両手を前にあげてフラフラ歩いている。そして、足を止めてボクの方へ体を向けた。

「えっ？　ワイシャツくれるって。それはうれしい。ワイシャツだけに、わーい、シャツ」

両手を上げ腕をV字にして立っている。ボクは迷いなく右ストレートを打ち込んだ。

「嘘だべ嘘だべ、レベル1に当てられたっちゃ。初めて初めて初体験だっちゃ。なんてことだぁ、鼻血さ出たぁ、こっただこと族長に知れたら死刑だ死刑。どうせ死刑なら、この場で死んだほうがいいっちゃ、あ〜死んでやるべ死んでやるべ、鼻血を流し続けて出血多量で死んでやるべ。こいつのせいだ、こいつのせいだぁ」

おじさんは腕のV字をキープしたまま右に左に転がっている。確かに鼻血が出ている。どうせ演技だ。と思ったけれど、血が思った以上に出続けるのでなんだか可哀想になってきた。

「すみませんでした。ボクが悪かったです」

「あっそっ、わかればいいっちゃ、わかれば」

やっぱ演技か。おじさんは何事も無かったかのようにデスクに寝そべった。

「あんだ、キャラぶれぶれだっちゃ。ダメ男キャラなのに、なんでそんないい右もってんだべ。そんないい右あったら、あのスーパーバザーの〝いかれぽんち〟に打ち込んでやればいいっちゃ」

「だからスーパーバイザーですって、それに何です、〝いかれぽんち〟って、下ネタじゃないですよね」

「〝いかれぽんち〟知んねえのが。いかれた非常識な男って意味だべ。あの〝いかれぽんち〟にあんだの右ストレート打ち込んでやれば、すぐワイシャツ奪えたべ」

「それにしても、そこいじりますか。あんな真剣で無我夢中だったのに……」

「ほう、無我夢中だったって。んでは質問ナンバー1。その時あんだは人生に疲れたな〜とか、会社辞めたいな〜とか、人生に意味があるとか無いとか、考えていたが？」

「そんなこと考える暇ないですよ。無我夢中だったんですから」

「んでは質問ナンバー2。なんでそんなに無我夢中になれたんだべ？」

「それは、あのお母さんが思いつめた顔してて、ほんとにワイシャツが必要だったみたいで、それでなんとかしたかったんです。あのお母さんの役に立てたらなと、ただ、それだけです」

「なるへそ。ただそれだけだったと……。んでは質問ナンバー3。ワイシャツを届けた時、相手が『ありがとうございます』ってあんなに喜んでいたのに、あんだ、心ここにあらずだったべ。なんでだべ？」

「そっそれは、奴にまたネチネチ説教されることをつい考えてしまって、憂鬱になったというか、それでです。すみません」

「何もオラに謝らなくてもいいっちゃ。謝るべき相手はあの親子だべ」

「それは、そうですけど……」

「では質問ナンバー4、今話した場面は前半と後半で大きく二つに分けられる。前半は奴を前にして無我夢中だった時、後半は親子を前にして心ここにあらずだった時。なんで前半と後半で、あんだの無我夢中さにこうも違いが出たんだべ？」

　ボクは腕を組み天井を見つめた。

「前半はお母さんの役に立ちたいと思ってて、後半は、奴のことを考えてしまって、それはつまり、お母さんに心が向いてなかったわけで……」

「では、あんだの心のベクトルは誰に向いてたんだぁ？」

「誰にって、それはスーパーバイザーのことを考えてたので、奴にです」

「違うべ」

「いや、奴のことを考えてたんですから、違うと言われても」

「では、その時、考えていたことは誰のため。あんだは奴に怒られると思って憂鬱になったんだべ。それは誰のために考えていること。奴のため、お母さんのため？」

頭の中に「自分のため」という答えが生まれてボクは眉間にしわをよせた。昨日、言われた「いつでも出発点が自分なんだあ」という言葉を思い出した。おじさんは、拳銃の形にした両手をボクに向けて言葉を放つ。

「つまり、そういうこと」

上から目線の口調でイラッとくる。

「でもですね、自分のためって、そんなにいけないことですか。自分のために頑張るって、力が湧いてきますよ」

「それをオラは否定しない。んでもさ、前半戦と後半戦であんだが意味あることとしたな～って思えるのはどっちだべ？」

「そっ、それは……」

おじさんがまた言う。

「つまり、そういうこと」

ムカつくな〜、この変態おやじ。

「あんださ、さっき核心にせまる、いいこと言ってたべ。何かわかるが？」

「核心にせまるですか……」

「さっき、オラに質問されて、『あのお母さんの役に立てたらな』と言った、その後、何て言ってたべ？」

「役に立てたら…………え〜と、〝ただ、それだけ〟ですか」

「ビンゴ〜、だべ、だべ。〝ただ、それだけ〟だべ。この言葉を噛み砕くとどういったことだぁ。この言葉にはどんな意味が込められてる？」

おじさんは、急に早口になった。

「『ただ、それだけ』って、つまり、なんていうのか、純粋ってことでしょうか、目の前にあるひとつのことに集中しているようなイメージです」

「いいっちゃ、いいっちゃ、核心にせまってるっちゃ、もっとちょうだい、もっといいの」

おじさんはデスクから飛びあがり、ボクの頭の上でぐるぐる回りだした。

「ですから、目の前にある人とか仕事に対して、あれこれ考えないで、ただひたすら無我夢中に取り組むというか」

おじさんは、ハアハア荒い息をしてボクの目の中に入りそうなほど接近する。

「いい、いい、きてるきてる、もっともっと……もっといいの」

「もっとって……つまりそれって、相手のために自分を忘れるというのか、無になるというのか……」

「いっいいい、ああ〜いっ」

ボクの右ストレートが轟音をたててヒットした。鼻血を出したおじさんは、壁に大の字で張り付いている。

「つまり、そういうこと」

敬礼して笑みを浮かべると、「来世で会おう、アディオス」と言ってデスクの上までずり落ちその場に倒れた。

創造価値

何が来世だ、アディオスだ、どうせまた演技だ。ボクは心にあるわだかまりを思い切ってぶつけた。

「ボクは今日、あのお母さんのためにと思って無我夢中になれました。あの時は自分のことなんて考えてなくて、それを〝無〟になるというなら、そうかもしれません。自分が無くなるのだから、確かに、虚しさもやるせなさも無くなります。それは認めます。でもですね、今のボクを見てください。この薄暗いバックヤードで独り虚しさに打ち震えるボクを。働きがいがないというか、もう働くことに、いや、生きることに疲れたというか……、現実は何も変わってないんです」

おじさんは立ち上がり、ファイティングポーズをとった。

「迷える子羊よ、もったいないべなぁ。今日、あんな素晴らしい価値をこの世界に創造したのに。もっと自分を認めたらいいべ。あのお母さんの笑顔、思い出してけろ。ホントに助かった、よかったって顔をしてたべ。あの笑顔こそ、昨日オラが言った**『創造価値』**だっちゃ」

「創造価値？」

「仕事を通して誰かの役に立てたら、それはこの世界に価値あるものを創造したことになる。創造価値を世界に差し出すことで、ヒト族は人生を意味で満たし、虚しさを遠ざけていくことができる。あのお母さんが寂しく帰ろうとした瞬間、人生はあんだに問いかけた。

さあどうするって。あんだはその問いから逃げずに責任をもって答えた。そしてお母さんの幸せをこの世界に創造した。それはとても価値あることであり、意味あることだっちゃ」

「だから、それはわかるんです、でも、今のボクは違うじゃないですか、奴からひどい言葉を浴びて、自分に、自分の仕事に、この人生に、全然、価値も意味も感じられていませんｊ」

「しずねっこの」

おじさんは怒鳴り声をあげた。ボクは驚きフリーズした。何て言ったのかよくわからない。けど、ものすごく怒ってることはわかる。

「ごちゃごちゃごちゃごちゃ、まっだく、なんだべさこの生き物は。うんだごったら、行くべさ」

「行くって、どこに」

「行くといったら、行く。オラの手を握れ」

「手って、こんな小さな……」

「はやくしてけろ、この、バカたれ」

勢いに負けて手を握ると、おじさんは短いネクタイを片手でつかんで叫んだ。

「パティエンス！」

壁の一点から光が放射状に広がったかと思うと、七色の虹が幾重にも重なったトンネルが現れ、ボクはふわっと宙に浮いてその中へ吸い込まれていった。体は横回転しながらスピードをあげて前へ前へと移動している。七色の景色が後ろへ飛んでいく。なんだここは。魔法の世界か。ボクはパニックになり、体のバランスを保とうと手足をバタバタさせた。自分の意志とは無関係にものすごいスピードで体が運ばれていく。

頭の中でおじさんの声がした。

（力を抜け、力を）

そんなの無理ですよ。どうすればいいんです。それに「パティエンス」って何ですか……と胸の内でおじさんに問いかけていると、トンネルの遠い先で閃光が発して、あまりの眩しさに目を瞑ると、ボクはフワフワ飛んで家族のいる部屋を上から眺めていた。おじさんがボクの肩に乗っている。あっ、あのお母さんだ。子どもは布団で寝ている。あれが旦那さんなのか。

（うるさい、黙って見るべ）

家族の光景

「あなた、それでどうなの。明日の面接、うまくいきそう」

「なんとかしないとな、これで何社目かな。四〇過ぎるとなかなか。すまんな、リストラされて、まとまったお金もそろそろ……苦労かける」

「ねえ、ちょっと聞いて、あなたいつも同じワイシャツ着て面接行くじゃない。それでね、今日これ買ってみたの」

（あっ、あのワイシャツは……）

「おい、そんなお金、今うちにないだろ。大丈夫なのか」

「それがね、バーゲンシーズンじゃないのに五〇%オフだったのよ。だから大丈夫。あなたMサイズでしょ、最初、在庫ありませんって、なんか冷たい感じの子に言われちゃってさ、でもその後、店長さんなのかな、他のお店に聞いてみますって言ってくれて、それで、他のお店から走ってとってきてくれたの。すごいでしょ。超ラッキーじゃない。あの店長さんに、ほんと感謝。これであなたの再就職が決まったら、今度は家族三人で、お礼がてら買いに行きましょうよ。ねっ」

「そんないい人に出会えたんだ。俺もその人を見習わないとな。これでもし、面接うまくいったら、その店長さんのお陰だな……」

「あっ、笑った、笑った、あなたの笑顔見るのいつ以来かしら」

「この半年、面接落ち続けて、なんだか人生どん底というか……」

「あなたの座右の銘って何だったのよ。私たちの結婚披露宴で言ってたの」

「なんだっけ……〝笑う門には福来る〟だったっけ?」

「そうでしょ、〝笑う門には福来る〟でしょ。ほら、笑わないと、福来ないわよ」

「笑う門には福来る。そうだな……そうだったな」

「笑って笑って。で、ちょっとこのワイシャツ着てみて」


大粒の涙が頬をつたう。家族の風景がぼやけてうまく見えなくなる。ボクの視界の中で鮮やかな色彩が混ざり合い、家族の光景がぐにゃぐにゃにねじ曲がり始めると、体が横回転してフラッシュのような光が一瞬飛び散り、ボクは元いたバックヤードの椅子に座っていた。

　おじさんが目の前を飛んでいる。

「あんだはこの仕事で何さ売ってるの？」

「洋服……ですけど、いや、何か、それ以上の何かなのかもしれません」

「ただ洋服を売るんだったら自動販売機でも並べておけばいいっちゃ。おまけに、あんだらは、これから人工知能が急速に進化する時代を迎えるんだべ。覚悟できてんのが。仕事はＡＩに奪われて、人間の存在意義を感じられなくなるとんでもねえ時代がやってくる。単純な接客やレジ作業のできるロボットなら、もうすぐ登場してくるっちゃ。んでもさ、今日あんだがしたような人が人を想い真心を通わせるような仕事は、ＡＩロボには決してできねえ価値あることだべ。人間には人間にしかできねえことがある。だからこそ人は働き、価値ある何かをこの世界に創造し続けるんだべ。そうする責任を課された存在が人間なんだぁ。これでも働く意味ねえが？」

「自分のしたことが、こんな結果を生み出していたなんて……」

　涙を腕でぬぐった。

人は誰かを幸せにするために働く

「働く意味や働きがいを感じるには想像力が必要だっちゃ。仕事の成果、その先で起きていることに思いを馳せないから、働きがいを感じられないんだべ」

「うちの会社の企業理念って、『いい服・いい生活・いい人生』なんですけど、新人の頃、研修や現場で〝ウチはただの服売り屋じゃない〟って言われてて、でも仕事はハードだし、ブラック企業って世間で言われ、社訓唱和は軍隊みたいで、いい人生って言うなら社員を幸せにしろよって、理念なんてただの絵に描いた餅だって、バカにしていました。うちの会社の一枚のワイシャツをめぐって、こんな心温まる家族の物語が紡《つむ》がれていたなんて」

「働くことは、誰かを幸せにする物語を紡ぐことだっちゃ」

「誰かを幸せに……ですか。なんか、うちの社訓みたいです」

「人は誰かを幸せにするために働く。だから働くことは意味あること。価値ある尊いこと」

「店長になってから数字数字で嫌気がさして、上司とも部下ともうまくいってないですし、それで働く上で大切にすべきことを忘れていたような……。こんなダメなボクでも、仕事を通して誰かの幸せに貢献できているんだって、世界に価値を生み出しているんだって、そうであれば、やっぱり働きがいを感じられますし、働く意味が満ちてくるような気がします」

「だべ」

「でってもですね、また怒らないでくださいよ。今のはおじさんの不思議な力があって可能になったことですよね。おじさんがいなかったら、これほど劇的な体験をして創造価値を知ることはできませんよね。つまりその、こんなことは普通は起きないわけで、想像力が必要だというのはわかったのですが、人の想像力にもやっぱり限界があるわけで、それで他に、日々、働きがいを感じるためにどうすればいいのか、何かヒントはないでしょうか」

おじさんはデスクに降りてくると横になり、あきれ顔で言った。

「だから、その答えは、もうあんだがさっき言ったべ」

「さっき?」

「あのお母さんの役に立とうと……?」

「〝ただ、それだけ〟ですか」

「んだ。いつでもどこでも、どんな仕事をしていても、〝ただ、それだけの境地〟で働くこと。それが答えだっちゃ」

自己を超越する

「いや、それでは、今、ボクが感じてる、働きがい感といいますか、この高揚感というのか達成感というのか、やってやった感が無いですよね」

「それを〝出発点が自分〟というんでねえのが。あんだはそうやってすぐ心のベクトルが自分に向く。何かを成し遂げて得られる達成感は、働く意欲、モチベーションの源で、とても大事なものだぁ。だども高揚感とか達成感は、第一に求めるものではねえべさ。『ボクは自分の達成感のために必死になってがんばります』っていったら、なんかおかしくねえが。それこそ自己チュー感五億点満点でねえが。そんなリーダーに、誰さついてくの？」

「そっそうかもしれませんけど……」

「仕事をして得られる働きがい感、やってやった感はさ、誰かの役に立ちその結果として生まれてくる副産物だっちゃ。〝ただ、それだけの境地〟、それこそ今日、あんだがあのお母さんのために必死になり奴に歯向かい無我夢中で街を走ったような、そうした自分中心ではなく、自分を忘れて誰かや何かのために尽くす、これを**自己超越**というんだども、自己超越している時にこそ、本当の意味での働きがいが生まれ、働く意味があんだの人生で満ちるんだぁ」

「自己超越？」

「んだ、自己超越だぁ。自分を忘れて誰かのために無我夢中になっている時、〝ただ、それだけの境地〟で仕事に取り組む時、その時、人は自己を超越する。自己超越していると、自分なんてこんなもんですって、そう自虐的に想定する自分を超えて力を出すことができる。あんだが今日、奴に立ち向かったみたいに……同じこと明日できっが？」

「無理無理、絶対、無理です」

ボクは顔の前で激しく手をふった。

「はい、出ました。バカたれ君がよく言う言葉、〝絶対、無理〟。んでもさ、あんだはその絶対無理なことを、今日、やったべさ。自分を超えたのさ。自己超越したのさ」

「でもボクの問題は、達成感がなかったから働きがいがなくて、それで自分の仕事に意味を感じられないわけで、それで虚しいわけで……」

「思い出してけろ。昨日の成功と失敗、意味と絶望の図を。あんだの話はいつでも、水平軸の話なんだぁ。仕事で成功する、目標を達成する、すると達成感、働きがい感がある。

失敗すればそれは無い。すっとさ、常に成功し続けなくてはいけないべ。んでもさ、仕事で成功し続ける人なんていないべ。誰もが失敗する時があるべさ」

失敗に意味を見出す

「人生に失敗はつきものだぁ。失敗の度に、虚しさを感じていたら心から生きるエネルギーが枯渇してしまうべ。あんだが今まさにそういう状態だっちゃ。達成感を前提として自分のモチベーションを維持していたら、常に成功し続けなくてはいけなくなる。そんな事、無理な話だべ」

「でも、成功者と言われる人は確かにいますよ」

「成功者と言われる人から学ぶべき本質的なことは、成功を続けたことでなくて、失敗に意味を見出し逆境に負けなかった事実だべ。試行錯誤の回数が誰よりも多く、それ故、失敗も挫折も多い。だども、その失敗や挫折に意味があると信じて行動することをやめなかった。だから成功者と言われるようになったんだべ」

「失敗に意味を見出す。行動することをやめない……ですか」

「んだ。ヒト族は人生に成功を求めているんだども、**成功の本質とは〝意味ある人生〟**だっちゃ。社会的に地位があり、お金もある人たちが人生に意味を感じられず苦悩する。もしあんだの言う成功が幸せの最終形ならば、成功したセレブな人たちが、なぜ人生に意味を感じられなくなり、挙句の果てに自ら命を絶つんだべ。人間は人生を意味で満たしたいと切実に願う存在なんだぁ」

「じゃあ、働く時には意味を支えにするということですか」

「働く時には二つのモチベーション・スイッチがある。ひとつは**達成感**。もうひとつは**意味感**。意味感は、成功したらもちろんだども、失敗しても感じられるっちゃ。失敗しても意味がある。そう思えれば、心を折らすことなく働ける。逆境にも強くなれるべ。この意味を求める心の動きを**〝意味への意志〟**という。昨日言ったべさ。思い出してけろ。〝意味への意志〟は働く時だけでなく、人生全般に言えることだっちゃ」

「そういえば、言ってました。〝意味への意志〟って」

「あんだは今まさに、〝意味への意志〟を強く自覚する時なんだっちゃ」

「〝意味への意志〟を、ですか」

「グローバル企業で働くことができ、店長でリーダーにもなってる。この会社を第一志望にして入れなかった人がたくさんいるのに、働くことができてる。学生時代に描いた成功のイメージ通りに夢が叶ってる。ちゅうことは、ある意味あんだは成功者のひとりなんだぁ」

人生の使命圏

「成功者なんて、それはいくら何でも大袈裟ですよ」

「んでもさ、学生時代に思い描いていた夢は叶ってるべさ?」

「それはそうですけど、今は思い描いた状況とはかなり違うわけで……」

「夢は叶っても時が流れれば状況は変わる。この世界は変化が常であり、変わらないものはない。んだから、夢を追い求めつつ、〝意味への意志〟を自覚するんだべ。あんだは今、虚しさに押し潰されそうになって、こんな人生、意味があるのかと心が折れかかっている。もっと意味を感じて生きたいと……」

「確かに、ボクは意味あることがしたいです。もっと何かこう手応えのあることがしたいんです。こんな小さなお店に閉じこもっていたら、意味あることはできません」

おじさんは、呆れ返った顔をして首を横にふった。

「まだ三日目だし、いいんだども、あんだ違うのよ、違う。そういうとこ、そういうとこさ変えていかないと、ずっと愚痴だらけ不満だらけの人生送ることになるべ」

「そういうとこ……？」

「『手応えのあることがしたいんです』って言って、その後、何て言った」

おじさんの声と顔が厳しくなった。沈黙が部屋を包みこむ。壁時計の秒針が時を刻んでいた。その問いかけの意味に気づき、うつむき、か細い声を出した。

「こんな小さなお店に閉じこもっていたら……です。すみません」

「何がこんな小さなお店だぁ。このバカたれが。あんだが見下す〝こんな小さなお店〟で、今日、何が起きたんだべ。あのお母さんを笑顔にする創造価値を生み出したべさ。この小さなお店こそ、運命があんだに与えた〝使命圏〟であり、この〝使命圏〟で無我夢中になることで人生に意味が満ちてくるんだべ。そういう仕事観、人生観を身につけてけろ」

「使命圏？」

ボクは顔をあげた。

「使命圏とは、自分が果たすべき使命のある今・ここ、この瞬間の場のこと。今、あんだの使命圏はこのお店だっちゃ。目の前にある仕事にベストを尽くすことができなければ使命圏での意味は満ちることなく、心はスカスカになって虚しい人生になってしまう。海外に留学しMBAとってグローバル企業で働いて、世界を飛び回り億単位のでっかい仕事を手がけ、他人がうらやむほどの高収入を手にしてもだ。どんなに小さなお店であっても、あんだが今日あのお母さんにワイシャツさ届けたように、無我夢中になって働き、創造価値を世界に差し出せば、あんだの使命圏は満たされ人生の充実感を味わうことができる」

おじさんの言うことはもっともだけど、自分の置かれた状況を考えると疑問がわいてくる。

「でも、その使命圏がブラック企業だったらどうするんですか。それでも使命だと思えということですか。ブラック企業で働いていても、目の前の仕事に無我夢中になれっていうんですか。そうして自ら命を絶つ人もいるんですよ」

「命の危険を感じるような完全なブラック企業に、使命圏もくそもねえべ。働いていて死が頭をよぎるなら、友だちでも親でも、誰にでもいいからすぐに相談してけろ。ネットで検索すれば無料で相談に乗ってくれる専門機関もある。自分の現状を話して〝それはおかしい〟と言われたら休みをとるか辞める。辞めると決めたらさっさと辞める。会社を辞めたって、人生の落伍者でも負け犬でも何でもねえっちゃ。他の人はがんばってるとか、お世話になっている人に申し訳ないとか、辞めたら自分は弱い人間だとか、そんなことは気にすることはねえべさ。会社を辞める時は、いい人をやめる。ブラックなのになかなか辞められない人は、いい人過ぎる。だから恩知らずの悪い人になっていい。会社にも仕事にも合う合わないがある。縁がなかったと思えばいい。どう考えたって命のほうが大事だべ。生きていれば、生きていさえすれば必ずいい事がある。人生リセットして、転職して再スタートすればいいべ。自分の命を、自分の人生を大切にしてけろ」

切々と訴えるおじさんの言葉を聞いて、胸のつかえがひとつ取れたような気がした。

「そうですよね。辞めてもいいんですよね、辞めても……」

目の前の仕事にベストを尽くしているか

「そういうことを聞いてくるっちゅうことは、あんだは自分の会社を完全なブラック企業だと思ってるのが？」

「おじさんに会う前はそうでした。いや、奴に怒鳴られた時には今でもそう思います。でもさっき、家族の風景を見させてもらって、自分の仕事に対する感じ方が変化しています。別のエリアには人格者の素晴らしいスーパーバイザーがいます。ボクの新人時代の店長はとても人間味のある部下想いのリーダーでした。部長や奴みたいなのはほんの一握りの人間だと思います。でも奴の暴言や休みが取れない現状を考えたら……世間から叩かれているのも事実ですし……まあ今は半々というところでしょうか」

「んでは半分はブラック企業だから、こんな小さなお店だって見下すのが？」

「すみません。それはボクの仕事観というのか人生観が未熟だからだと思います。店長になる前はいい職場だって感じていた時期もあるわけで……」

「もしそうであれば、こんな小さなお店と見下すあんだは、自ら使命圏の外に出て責任を放棄している人間だっちゃ。バッターボックスに立つべき打者が、外野に座って『バッターはどうした』って野次を飛ばしているようなものだべ。そういった態度でいる限り、たとえ、売上をあげて結果を出しても、スタッフたちから尊敬されるようになっても、またすぐ虚しくなるだけだべ」

「一〇〇％納得できるわけじゃないですけど、そうかもしれません」

「大切なことは、どれだけ大きな仕事をしているかではなく、どれだけ目の前の仕事にベストを尽くしているか、〝ただ、それだけの境地〟となって、どれだけ無我夢中になっているかだぁ」

　腰をひんまげたお決まりのポーズをとって叫ぶ。

「セイ・イエス」

おじさんの言葉が胸に響いた。ボクは腕をくみ背もたれに体重をかけて天井を見上げた。静まり返った部屋に、遠くで鳴ったエレベーターの到着音が届く。

自分を超えた大きなものからの呼びかけに応える

ボクは思考に集中したくて目を閉じた。ベストを尽くしているか。そう聞かれたら、自信をもってハイと言うことはできない。ベストを尽くさないことを、会社や上司や部下のせいにしているのか。

でも、使命圏と言われても、今の仕事を使命なんて言えるのだろうか。もう辞めたいと感じているのに使命と言われても……。

集中した感覚を維持したくて目を瞑ったままおじさんに尋ねた。

「ブラック企業は別として、ボクの使命圏がこのお店だとすれば、与えられた仕事があればどんな仕事でも使命だと認識しろということでしょうか。たとえ、嫌になっている仕事でも……」

「使命は好き嫌いで決まるものではないべさ。使命とは、責任をもって果たすべき重大な任務のことだっちゃ。だから嫌いな仕事でも使命になりうる。使命を好き嫌いで判断するとしたら、その発想が自己中心の発想ということになるっちゃ。そうでなくてさ、昨日も言った〝人生からの問いかけ〟という発想がポイント。今している仕事が人生からのオーダーだと考えてみるべ」

「人生がボクに仕事を発注しているということですか」

「発注なんて硬い言葉を使わんでさ、例えば、あんだがレストランを開いたとするべ。あんだは店主であり料理人さ。レストランに人生という名のお客様が訪れた。〝人生さん〟はメニューを眺めて料理をオーダーした。料理人であるあんだが、『そのメニュー、ボクは嫌いなので作りません』と言って料理を出さなかったら、お客様の〝人生さん〟はどう思うべ。そのお店はどうなる？」

「お客さんは怒って出ていくでしょうし、お店はいつか潰れます」

「だべ。お客様からオーダーが出されたら、料理人にとってその料理を作ることは使命となる。たとえ、自分の作る料理が大嫌いであってもさ……」

「嫌いでも使命か、ちょっと抵抗感がありますけど……」

「そこでさ、会社や上司から命令されて仕事をしていると考えるのではなく、自分の人生からオーダーが出ていて今の仕事をしていると考えてみるっちゃ。自分を超えた何か大きなものから呼ばれているという感覚だべさ。だからイングリッシュでは天職のことを『コーリング（calling）』と言うべ。すると使命への感覚が育まれ、〝やらされ感〟が和らいでいくっちゃ。そうやって現実のとらえ方を少しずつ変えていけば、仕事観も人生観も変わっていくべさ」

おじさんの言う通りに変われたらどれだけ幸せだろう。かといって急に今の仕事に愛着が湧くわけではない。部長も奴も大嫌いだ。どうすればいいのだろう。どうすれば……。

「あの、そこのヒト族のオスさん」

か弱い声がした。目を開くとおじさんが例のポーズのままプルプル震えている。

「どうしたんです。なんでまだそのポーズを」

「このポーズは、オラの話に相手がほんのちょっとでも納得してくれることで解除されるように初期設定されているんだべ。はやくはやく、オラの話、わがったが？」

額に汗をにじませ震えるおじさんを見ていたら、納得できたとはいえなかったけれど、おかしくなってつい言ってしまった。

「はい、わかりました」

「このバカたれ、これからは、オラの顔を見て目を見て話してけろ、こんでは七日間、体がもたんべさ」

「ところで、ボクを家族の部屋に連れていってくれた時に、『パティエンス』って唱えましたけど、あれは何か意味があるんですか」

「いいとこに気づいた。それは、もう少ししたら教えてやっからな、今日はもう遅い……では、どろん」

おじさんは消え、今日もどこかから言葉が届く。

「明日は早いっちゃ、家帰ってはやく寝んだど。それと今日の学び、手帳に書くの忘れないでけろ。ほいじゃさ〜」

「はいはい」

「『はい』は一回。親に教わらなかったが？」

「はい」

ボクはあきれ顔で笑いながら返事をした。椅子から立ち上がり段ボール箱の上に載せていたカバンから手帳を取り出し、おじさんの教えを書き込んだ。

多くのことを学び、迷ったけど、たくさん書いても忘れてしまうだけだから、やっぱり今日もひとつに絞った。書き終えて、ボクの中で何かが変わり始めるかすかな動きを感じた。

今日の学び

大切なことは、
どれだけ大きな仕事をしているかではない。
どれだけ目の前の仕事にベストを尽くしているかである。

ボクのどこが自己チューなんですか？

夢日記

　ボクは夢日記をつけている。あるセミナーに参加したのがきっかけだ。セミナーのタイトルは、『夢を夢のように操りあなたの夢を爆速実現』。おじさんには内緒だよ。夢日記をつけ始めてから明晰夢を見るようになった。明晰夢とは、夢の中で「これは夢だ。今、自分は夢を見ている」と自覚できる夢のこと。少しだけ思い通りに夢を動かせるようになっている。

　ボクはベッドに横たわり宇宙空間を漂っていた。姿は見えないけれど、愛する彼女がどこかにいる。自分が今、夢の中にいると理解する。明晰夢の到来だ。よし。ボクは彼女をベッドに誘おうと念を送る。受け入れてくれたようだ。うっとりするような甘いムードに包まれる。おじさんの声がした。

「朝だべ、ちゃっちゃと起きろ、屋上に行くべ、ほれ、昨日、約束したべ」

　おでこが痛む。ボクは「自分が夢の中にいる」とわかっているので決して慌てない。彼女に意識を合わせ、おじさんの声を排除する。これは夢なのだ。彼女が近づいてくる。まだ姿は見えない。痛みとおじさんの声が大きくなる。

「このバカたれ、起きろ、朝だべ…………しかたない」

慌てるな。これは夢だ。気にするな。心の乱れを抑えて彼女を抱き寄せ目を閉じた。ゆっくり唇を重ねる。

「好きよ」

彼女が言った。甘美の絶頂で愛しき人の顔を見ようとボクは目を開いた。なぜだ、なぜなんだ。その顔は変態おやじだった。絶叫して目を覚まし手で唇をこすった。

「気持ちワル、気持ちワル」

「ケダモノさん、朝だべ」

おじさんの顔が鼻先にあった。

「うわっ、また出たっ」

「何がまた出ただぁ。いい加減、目を覚ましてけろ。昨日、約束したっちゃ」

「約束って」

「明日は早いぞって言ったべ」

「そんなこと言ってましたか、今日、仕事ですよボク」

窓に目をやる。カーテンから光がもれていない。外はまだ暗いようだ。

「日の出を見に屋上に行く。さあ早くするべ。理由は後で説明すっから」

おじさんは手にしたカバンでおでこを突いてくる。

「痛い痛い、わかりました、行きますよ、行きます」

部屋を出てエレベーターに乗り屋上へ向かった。このワンルームマンションに住み始めて五年たつけど、屋上なんて行ったことがない。おじさんはボクの右肩に乗り、鼻歌交じりでスキップしている。

日の出を見る

屋上の鉄扉《てっぴ》を開けると、錆びた金属の擦《こす》れる気味悪い音がした。辺りはまだ暗い。西の空は濃紺で東に向けて色が薄くなっている。グラデーションがきれいだ。頭上に下弦の月が見えて、星が瞬いている。ビルや一軒家の重なった先に山並みが見え、朝焼けが広がり始めていた。思った以上に遠くまで見渡せる。こんな近くにこんな美しい風景があったなんて。風が吹く。透明な空気の中で朝の匂いがした。

「日の出を見るべ」

「日の出って、あの日の出ですか」

「日の出をなめんなぁ」

「そんな小学生じゃないんですから」

「あんだ、見たことあんのが？」

「もちろんあると思いますけど、そういえばいつ以来だっけな……」

　記憶を探るが出てこない。初日の出は見に行ったことないし、あれ、ボクは日の出を見たことがないのか。

「見たことないの。ほいで小学生じゃないんだからってバカにする。そういうあんだは小学生以下だべな。もうすぐ、自然の美しいショーが始まる。黙って見るっちゃ」

　おじさんは東の方角にある手すりの上で鳥と一緒に並びあぐらをかいた。

「さあ始まるべ」

ビルや家の屋根でつくられた街の稜線の一点にオレンジ色の強い光が集まった。太陽の頭が姿を現す。その尊さを人間に教え込むかのように時間をかけて昇る。街が橙《だいだい》色に染め上げられていく。鳥が空を横切り雲が風にのって流れる。目を細めると放射状に伸びる幻想的な光が眼前に届く。太陽は円い姿を全て現すと、街の稜線から離れていき、やがて青空を背に白い光を放ち燦然と輝いた。

なんだよ。たかが日の出じゃないか。一年三六五日、この地球で起きるただの自然現象だ。感動の「か」の字もない。初日の出ならまだしも、今日もまた太陽が昇っただけ。ただ、それだけじゃないか。これで人生がうまくいくようになるなら、世界中の人たちが幸せになってるよ。気分が萎えて座りこんだ。コンクリートの地面がおしりにあたり冷たかった。

手に雫《しずく》が垂れる。なんだろう。その時、ボクの意識が頬をつたう涙をとらえた。涙の粒がとめどもなく流れ出している。

体験価値

「おじさん、何ですかこれ、何で涙が……。感動してないし悲しくもない、むしろ、くだらないとさえ思う。なのに、これ何です」

おじさんはふり返りボクを見ると、手すりからふわりと飛びあがり近くに座った。

「オラの見立てが少し甘かったようだぁ。ヒト族の心はなんとも不思議だっちゃ。自分では気づけねえ心の領域をもつ。あんだの心が何かを感じてるんだべ。太陽を求めていたんだべ。スマホばっかいじってネットの世界に意識うずめて、下手な知識で頭でっかちさなって生き物であることを忘れっから、そったただ事態になんんだぁ」

「ボクは感動してるんですか」

心と体が分裂してしまっているのだろうか。感情はどこまでもフラットなのに涙がとまらない。

「思い出してけろ。ヒト族はこの三次元宇宙で地球に生息する生物だべ。犬や猫や象やライオンと一緒に生きている生き物。こんなコンクリートの塊の中で暮らすようになって、たかだか一〇〇年ちょっと。ずっと自然に囲まれ、自然のリズムとともに生きてきたんだべ。自然には命が宿る。自然とふれあうとは、その命とふれあうこと。命と命のふれあい。んだから自然を感じたら心と体が喜ぶ。そんなシンプルな法則さえ忘れたのが。日の出を見て感動する。道端に咲く名の知らぬ花に神秘を感じる。風を肌で感じて希望を予感する。そうした体験に人間は価値を見出す。これぞ**体験価値**だっちゃ」

「体験価値？」

「んだ。体験価値は自然に心を打たれた時だけではないべさ。心から愛する人と一緒にいる時。初めて子を授かり我が子を抱く時。好きで好きでたまらない歌手のコンサートに出かけて、その音楽に心から酔いしれる時。そんな感動のさなか、誰かに『この人生に生きる意味がありますか？』と問われたら、どうだぁ？」

「そんなに感動してるのであれば、まあ、意味があるって、『はい』って返事するとは思いますが……」

「だべ、『イエス』と答えるべ。生まれてきてよかった。この瞬間のために自分の人生はあったって、生きる意味を実感するっちゃ。あんだには無いのか、心から打ち震えるような価値ある体験が？」

「急に価値ある体験と言われても……今、手帳にはさんでる少年野球で準優勝した時は、そのひとつかもしれないですけど……」

「今朝あったべ」

「今朝ですか」

「んだ、今朝、夢のなかで感動体験してたべ。誰かと」

「その話題をここで出しますか」

ボクはあからさまに嫌な顔をした。

「体験価値は『愛』だべ」

「愛？」

「ヒト族にとって自然や芸術や人を愛する体験そのものが価値あることだっちゃ。日の出を見て涙を流すこともそうであれば、人を好きになること、人を愛することもそのひとつ。あんだ、彼女いるんだべ？」

「いるというか、いないというか。もう終わりかけてる彼女ならいますけど」

「まっだく、ネガティブなオスだべなぁ……」

「彼女はボクとは違う人種なんです。とても優秀で、今、仕事で海外に行ってまして、社の命運を左右するような大きなプロジェクトを任されていて、それで忙しくて、もう一年半も会ってなくて、一応、ラインでやりとりはするんですけど、ここのところ月に一回ぐらいで、なんか冷たい感じで、だから、もう終わっているというか……他に男でもできたんじゃないかって……」

　ボクは話をしながら気分が暗くなっていった。

「彼女のこと嫌いなのが？」

「嫌いではないですけど、まだ好きなんですけど……なんかもう別に」

「好きならそれが『愛』だべ。一年半前会った時、どうだったんだべ？」

「それは嬉しかったですよ。帰国しても彼女、仕事で忙しくて、一日だけでしたけど、うちで料理作ってふたりでお酒飲みながら映画観て、それで……」

「それで、で、で、その後は……なんで顔真っ赤？」

　おじさんが顔に接近してくる。

「近い近い、いつも近いんですよ。ボクも大人ですから。後はご想像にお任せします」

「ではご想像に任されて……グフッグフッグフッフフ」

「ダメダメ、ダメです。やっぱ想像しないでください」

「どっちなんだ。まあいいべさ。大事なことは、その時のあんだがどう感じていたかだぁ。さっきの質問だども、彼女とふたり、ラブラブで過ごしている時、『この人生を生きる意味がありますか』と尋ねられたら、イエス、ノー、どっち？」

「それはもちろん『イエス』です」

「人生、生きる価値ある？」

「もちろん」

「彼女が生きるこの世界を信頼できる？」

「『イエス』です……ですけど、ちょっと待ってください。なんか誘導尋問みたいで、無理矢理言わされている感じがします。世界を信頼は、ちょっと大げさじゃないですか。彼女と会っている時に、そう聞かれれば、気分も高揚してますので『イエス』と答えるかもしれません。でも、今ボクが言った『イエス』で、人生に疲れている今の自分を肯定できるだろと諭されるのは疑問です」

「何だべ、どういったことだぁ？」

「ですので、今の『イエス』は彼女と一緒という前提あっての、条件付きの『イエス』です。世界を信頼できるかって聞いてくるおじさんの意図って、ボクの今の『イエス』で、だったらそれで『あんだの人生に生きがいを感じられるべ』、みたいな流れなんじゃないかって思えて、だとしたら、それはちょっと違う気がしたんです」

「んではさ、彼女と過ごした時間が、今を生きる支えになってないが？」

「生きる支え？」

「んだ。支えだぁ。ふたりで過ごした時間を思い出す時、心に満たされるものがあるべ。愛する人を思う時、その人がたとえそばにいなくても、この人のためにと力が湧いてくる、仕事をがんばろうと思う、そんな経験があんだには一度も無いが？」

「それはありますよ。そう言われれば、彼女はボクの生きる支えです。ていうか、支えだった……かな」

「愛は時間も空間も超えるっちゃ。そんな愛という支えのあるこの世界を信頼できねぇが？」

「世界を信頼って言われても……彼女の話をしてたのに、話が飛躍してませんか」

「あんだは今、自分の生きるこの世界を信頼してるが。そう問われたら、どう答える」

おじさんは質問をごり押ししてくる。

「どうなんでしょうね、戦争はあるしテロもあるし平和といわれるこの国でも血なまぐさい事件が次から次へと起きます。仕事でもクレーマーに嫌な思いをさせられるし、部長やスーパーバイザーみたいに部下をバカにする人間もいる。信頼できているかと聞かれれば、そんなに信頼していないかもしれません」

「オラと初めて会った夜のあんだは、どうだったべ？」

「あの夜に、この世界を信頼できるかと訊かれたら即答でノーです。何もかも嫌になっていましたから……。でも、彼女のことを思えば、彼女とうまくやっていけるのなら、フィフティーフィフティーになるかな」

生きる知恵

「仮にあんだのことをものすごい憎んでいる人がいたとするべ。あんだとしては誠意を尽くしているのに、一方的に憎まれてしまう。憎まれてしまう理由は、さっぱし、わかんねえ。そっただ時、憎しみを向けてくる相手をどう思う?」

「ボクに落ち度がないなら、理不尽だなって怒りが湧いてくるでしょうし、憎しみ返すと思います」

「だべ。人生、投げたものが返ってくる。憎しみを向けたら憎しみが返ってくる。怒りを向けたら怒りが返ってくる。んではさ、今の話に出てきた憎まれているあんだが、この世界だと仮定するとどうなるべ」

「世界が理由もなく憎まれるのなら、憎んでくる相手のことを、世界は憎しみ返します」

「信頼しないとしたら」

「世界がその人を信頼しません」

「世界を信頼しないから、世界から信頼されない。だからあんだの人生うまくいかない」

おじさんの話は一見ロジカルで、「なるほど」と、ついうなずきたくなるけれど、言葉遊びというのか、現実的ではないというのか、それで納得できなくてボクは首をかしげた。

「世界が憎むとか信頼するとか、それで人生うまくいかなくなるって、何を根拠に言ってるんですか。世界という概念は確かにあります。けれど、世界という実体は現実には存在しません。だから、世界が憎んだり信頼したりするという現象はこの地球上では起きません。そんなエセ科学、信用できませんよ。おじさんの言ってることは、変な宗教みたいなものですよ」

「宗教でも科学でもなくてさ、〝生きる知恵〟をあんだに伝えているんだべ。古来、多くのヒト族が生きて死に、成功と失敗を繰り返してきた。その膨大な人生経験から導き出された知恵だっちゃ」

「知恵といわれても、なんか煙《けむ》に巻かれている気がします」

「知恵とは、人生という道を歩く時、転ばぬ先の杖となる知のこと。こうしたら人生うまくいかなくなる、こう考えればうまくいく。そんな風に、生きるのに役立つ知をヒト族は語り継いできたべ。その中のひとつを今、オラは語っているっちゃ。エセ科学だというだども、彼女を思うことで、世界への信頼がフィフティーフィフティーになったのなら、たとえ一瞬であっても、それはあんだに起きた事実であり現実でねえか。エセか？」

「そう考えれば、エセではないですけど……」

ボクはムッとして答えた。

「世界をただの概念だって言うなら、現実に存在する人でもいいべさ。あんだは今、人を信頼できてんのが。信頼できる人たちに囲まれて生きてるのが。今から書く紙出すから、それに書いてみてけろ」

そう言うと、おじさんのカバンから一枚の紙とペンが飛び出してきた。その用紙には、『信頼できる人』『信頼できない人』の二つを書く欄があった。

朝からめんどくさい。こんな簡単なこと書かせて意味あるのか、と思ったけど、書き出してみて気分が滅入ってきた。父親、部長、スーパーバイザー、部下、バイトの子、彼女などなど『信頼できない人』が圧倒的に多かった。『信頼できる人』は三人だけ。母親と学生時代の友人がふたりだ。

「これがあんだの生きてる世界だべ。もうちょこっとさ、『信頼できる人』の欄を増やさないといけないべさ。その紙見ればわかるべ。あんだはこの世界で人を信頼できず、不信感の塊となって生きていることが……」

受け入れがたい現実を突きつけられ、ボクは感情を制御できなかった。

「そりゃそうでしょ。ブラックすれすれの職場で働いて、上司に怒鳴られけなされ休みもとれなきゃ、人間不信にもなりますよ。じゃあどうすればいいんです。友だち一〇〇人でもつくりますか」

「そう怒るでねえって。ここで体験価値に話を戻すど。世界を信頼できるようになる鍵が体験価値なんだべさ。昨日言った創造価値が世界に差し出す価値であれば、体験価値はこの世界から受けとる価値だっちゃ」

「今度は価値を受けとるんですか」

「あんだの生きるこの世界、地球は真善美に満ちてるべ。真善美が至る所に存在してる。スマホいじっている時間があったら、一分でも二分でもいいから、一日一回空を見上げてけろ。歩きスマホじゃなくて、歩きスカイだべさ。星空を眺め宇宙を感じてけろ。地球があって、宇宙という神秘的で想像を絶する広大な空間の中で生きていることに想いを馳せてけろ。ヒト族は大きなものに抱かれ生かされてる。優れた芸術に触れれば魂が潤う。世の中、人を騙してお金を巻き上げ、それでせせら笑って生きているようなダークサイドに落ちた罪深い輩がいる。だども、あんだが思っている以上に、素晴らしい人もたくさんいるっちゃ。昨日のワイシャツのお母さんお父さんだってそうだべ。家計をやりくりして必死に生きてるべ。心の綺麗な人たちだったぁ。そんなふうに、人と出会うことでも世界の真善美に触れることができるっちゃ」

「それだったら、ボクはいろんなセミナーに参加して、たくさんの人に会ってますよ。そこで様々な経験をしています。思い出してみれば感動したことだってたくさんありますよ。まさに体験価値をこの世界から受けとっています。おじさんのロジックでいけば、これって世界を信頼してるということじゃないですか」

「世界を信頼してるんだったら、なんであんだは懇親会に参加しないんだべ。セミナーの後、参加者で集まって一杯やる場があるべさ。なんであんだはいつも参加しない?」

「何でって……」

思いもよらない質問に言葉を失った。

ボクの嘘

「その理由はですね、お金が余計にかかりますし、ボクは給料高くないし、お酒もそんな飲まないし……」

無性に怒りがこみあげてくる。

「なぜ怒る。動揺する？」

「セミナーに参加すればそれで目的は達成されるわけで、それ以上の時間を過ごすのは費用対効果を考えればですね……」

「オラに会って初めて嘘をつこうとしてるべな。大切なことは、あんだの認識の正しさより、あんだの言葉が真実であること。偽りがないこと。でないと、オラの姿は見えなくなり、こうして話はできなくなる。最初に会った日に言ったべ」

おじさんは語気を強めた。胸が苦しくなりおじさんから顔をそらそうと、空を見あげた。朝陽が眩しい。消え入るような声で言った。

「ボクは人を信頼できないというか、そもそも人が好きじゃないのかもしれません。人づきあいというのか、懇親会とかお酒の場って煩わしいんです。酔っ払って攻撃的になる人もいるし、それで学びがあるわけじゃないし、真善美なんてほど遠い世界ですよ」

「何でそんなに自分を守ろうとするんだべ？」

「守るって、誰がです、ボクがですか」

「お金がないとか、人づきあいが苦手だとか、意味がないとか、もっともらしい理由をつけて自分をガチガチにガードしてるべさ。傷つくことを恐れて自分を閉じて、本音でぶつかりあう場に出ていこうとしない。それも『出発点が自分』。あんだ、今日まで生きてきてさ、周りにいた人たちから『いい人』だって言われてきたべ。自分でもそう思ってるみたいだども、あんだって、けっこう自己チュー人間だっちゃ」

「自己チューって、ボクのどこが自己チューなんですか」

手すりに止まっていた鳥が音を立てて飛び去った。おじさんがいない。二匹の動物が現れた。鋭い針に体が覆われている。なんだこれ。ヤマアラシか。

むかし、むかし二匹のヤマアラシがいました。

一匹は西の森に、もう一匹は東の草原に住んでいました。

ヤマアラシは友だちがいないので寂しく暮らしていました。

二匹はある日の朝、神様の声を聞きました。

「南の村に行けばヤマアラシに出会えるぞな」

友だちが欲しい二匹のヤマアラシは南の村に向かいました。

神様の言うとおりでした。

南の村に着くと向こうからヤマアラシが歩いてきます。

嬉しさのあまり二匹は走って近づきました。

「痛い」
自分の体に鋭い針があるのを忘れていました。
二匹は傷つけあったので、あわてて離れました。
離れてばかりいては仲良くなることはできません。
二匹は何度も近づき傷つけあい、その度、離れては寂しい思いをしました。
そうして夕焼けが空を赤く染める頃、
二匹は互いに寄り添う心地よい距離を見つけ友だちになれました。
よかった、よかった。
おしまい。

二匹のヤマアラシは消えて、煙とともにおじさんが現れる。

「どうどう、いい劇できたべ、目から鱗が落ちたべ」

おじさんは満面の笑みを浮かべ早口で迫ってきた。

「まあ、そうですかね……」

ボクはある自己啓発本でこの寓話を読んで知っていたし、コミュニケーション向上セミナーでも学んでいたので、リアクションが薄くなった。

「なんだべ、なんか、ありがたさ○円だべね」

「いい話だと思います。今のボクにぴったりです。互いを信頼しあう関係を築くには、傷つくことを恐れるな。人と本当に仲良くなるには、傷つくプロセスを避けることはできない。そういうことですよね」

「違う」

おじさんは、無表情で言った。

ヤマアラシのジレンマの教訓

「違いませんよ。何言ってんですか。本にもそう書いてあったし、セミナーの先生も『ヤマアラシのジレンマ』っていう寓話だって紹介して、そう解説してくれたんです。今度ばかりはおじさんが間違ってますよ」

「違う」

「違うって、ほかに何があるんですか」

「バカたれ。この三日間、何を学んできた。情けないちゃ。確かにあんだのいう解釈は間違ってねえ。んでもさ、この寓話の教訓を知ってんだったら、なんで、あんだは、この世界に信頼できる人が三人しかいないんだべ」

「言うは易し行うは難しで、実際に行動するのは難しいんです」

「それが自己チューだっていうんだべ」

「どこが自己チューなんですか、話、逸らさないでください。関係ないじゃないですか」

「いいべいいべ、もっと怒れ、怒りに身を任せよ、スカイウォーカー」

おじさんがボクの顔に大接近してくる。

「近いですし、ボクはスカイウォーカーじゃない」

「あんだはよく学んでる。んでも、それが行動に結びつかない。なぜだべ。その答えがこの寓話に隠されているっちゃ。先入観をとっぱらって、もう一度、よく考えてみてけろ。昨日、オラはバックヤードに出かけていって、何て言ってたべ」

手帳に書き込んだ言葉を思い出そうとした瞬間、なぜだろう、ボクは、

「自己超越」

と呟いていた。

「だべ。自己超越だべ。んでさ、ヤマアラシが自己超越した瞬間があるべ。それどこ？」

「自己超越って、自分のことを忘れて無我夢中になるとか、確か、そんな意味だったので

……あっ」

・・・・・・・・・

嬉しさのあまり二匹は走って近づきました。

「痛い」

自分の体に鋭い針があるのを忘れていました。

・・・・・・・・・

「ビンゴー、はい、ライトセーバー一年分」

バラバラと音をたてて空からライトセーバーが降ってきた。

「痛い、痛い、いりません、こんなに」

おじさんは無表情で話を続ける。

「『ヤマアラシのジレンマ』が記憶に残るのは、ネガティブな傷つけ合いが、予想に反してポジティブな結果を生み出すからだべ。その意外性が人の心をとらえる。んでさ、この物語でキーとなる傷つけ合う行動の最初の一歩、その瞬間、二匹の心模様は喜びのあまり自己を忘れている無我夢中の状態だべ。無我夢中の最初の二文字は『我が無い』と書く。これ、なんの境地っていう」

それぐらいわかる。

「〝無我の境地〟です」

「だべ。出会った瞬間のヤマアラシ然り、困っているお母さんを助けたい一心で奴に立ち向かったあんだ然り、それは〝無我の境地〟だったべ。もし、心のベクトルが自分に向いていて、『ボクには針があるし相手にも針があるから近づいたら危ないよな』って、自分を守っていたらどうなるべ。二匹は近づくこともなければ傷つくこともなく、真の人間関係ならぬヤマアラシ関係なんてとうてい築けなかったべ。私が私が、ではなく、私を忘れて誰かのために何ができるかを考える。そうして自己超越する時、ヒト族は高いパフォーマンスを発揮するっちゃ。これ昨日の復習だぁ」

「でも、それでなんでボクが自己チュー人間なんですか」

「ほれ、そうしてすぐ〝ボクのコト〟を話題にしたがる。二日目にも言ったべ。あんだはさ、すぐ『自分が、自分が』になるっちゃ。〝無我の境地〟ならぬ〝ボクの境地〟だっちゃ。あんだが他人に迷惑をかけるような自分中心のわがまま人間だって言ってるわけではねえべさ。でなくてさ、世界観、人生観が自己を中心にして構成されてるということだっちゃ。覚えているが?」

「それは確かに二日目にも言われました……」

「世界を信頼できていない人間が自分を守っている状態を絵に描いたらどうなるべ。防御の姿勢をとる人が中心にいて、周りは敵だらけみたいな感じになるべ。それが自己を中心にすえる〝ボクのコト〟を考え過ぎる〝ボクの境地〟の世界観だべ」

〝ボクのコト〟を考え過ぎる、か。そういった意味であれば、悔しいけどボクは自己チューなのかもしれないけど……。

「朝から、話が複雑というのか、頭が混乱してきました。ではですね、今日、体験価値という考え方が出てきました。これと『ヤマアラシのジレンマ』は何か関係しているんですか」

「いいこと聞いた、スカイウォーカーよ」

「だから違うって……」

世界への信頼感を標準装備する

「体験価値が生まれる瞬間を思い浮かべてみてけろ。日の出を見て涙が流れる。美しく壮大な自然に惚れ惚れとする。コンサート会場で大音響のなか音楽に酔いしれる。心から愛する人とふたりきりでうっとりする時を過ごす。これって、この世界にある豊かな真善美を味わう時だべな。そんな時、人は『心が奪われる』って表現するべ。心が奪われているんだから……」

「それってつまり、自分を忘れていて〝無〟になっている、〝無我の境地〟ということか」

「だべ。これまた自己超越だべ。心のベクトルは自分には向かわず真善美へ向かう。すると我を忘れ、自然や音楽や愛する人との間に境界がないような一体感を味わうことになる。自己超越の度合いが高くなればなるほど、自分を忘れれば忘れるほど、それに応じてより質の高い価値を世界から受けとることになる。それが〝生きていてよかった体験〟とでもいえるものだべ。すると人生はますます意味に満ち、生きがいを感じられ、あんだにまとわりつく虚しさは消え、そうして世界を信頼できるようになっていくっちゃ」

「我が無くなることで虚しさが消える。それはわかります。でも、世界を信頼できるようになるという、そこがちょっとまだ……」

「この世界は生きるに値しない不条理でくだらない世界だ。自分を苦しめようとする人間が周りに満ちていて、いつ攻撃してくるかわからない。これが世界を信頼できていない人の心模様だべ」

「まあ、そうですけど……」

「んでもさ、ひとつひとつ小さくてもいいから〝生きていてよかった体験〟を重ねていく。

この世界から真善美を受けとっていく。すっとさ、戦争はあるし人殺しはいるし〝いかれぽんち〟な上司もいるし、つっかかってくる部下もいるけど、この世界ってそんな捨てたもんじゃないって、めちゃめちゃ素晴らしいとは言わないまでも、そこそこイケてる生きるに値する世界なんじゃないかって信頼できるようになってくるべ」

そう言われれば、そうかな……。ボクは口を開いた。

「つまり、自分のことばかり考えて自分を閉じて逃げていては、〝生きていてよかった体験〟に巡りあう可能性が低くなる。でも、世界に向かって自分を開き、様々な体験をしていくと、傷つくこともあるけれど、〝生きていてよかった体験〟もする。そうして、世界への信頼感が育まれていく、ということですか」

「んだ。そんな世界への信頼感を標準装備できれば、心はしなやかで、ちょっとやそっとじゃ心の折れない人になれるべ」

「世界への信頼感を標準装備か。確かに、今のボクには装備されてないかも……」

「信頼どころか、あんだは今、世界を罰して生きてるべ。会社が悪い、上司が悪い、お客さんが悪い、部下が悪い、おまけに男ができたかもしれない彼女も悪い。自分以外の多くのものが悪いってな……」

「そんな、罰するなんて……」

逆ギレ自己内モンスタークレーマー

「罰するのではなく、この世界に許しを与えてけろ。この世界を許すことは、罰し続けてきた自分を許すことでもあるっちゃ。罰するのはもうやめて和解するべ。自分を許し自分と和解すれば、自分を信頼できるようになる。自分を信頼できるようになれば、他人を信頼できるようになる。自分と和解し他人と和解する。それはこの世界と和解すること。これが体験価値による信頼回復のプロセスだべ」

「部長とか奴とかつっかかってくる部下のことを、正直、嫌ってるので罰してるといえば罰してるのかもしれません。でも、ボクは本当に自分まで罰してるのでしょうか……」

「あんだ、覚えてるが。『平凡な自分が好きになれなくて、ずっと悩んできたんです』って言ったの。それって自分が嫌いということだべ。自分が嫌いって自分を罰することだべ」

「確かにボクは平凡な自分が好きじゃない……」

「自分は平凡だ、二流の人間だって、成功本読んでネットみてセミナーに参加して、成功者と自分を比較して、ねたみひがみ、ますます〝逆ギレ俺って二流思考〟を強めてるべ」

「逆ギレ二流って……でも現実はその通りですよ。ウチの会社は人事評価で社員を五段階にランク付けするんです。Aランク、Bランクって……。この間、スーパーバイザーと個人面接があって、そこで言われたのがDランクですよ。最低ではないですけど、これじゃあ二流どころか四流ですよ。こんなんで世界を信頼もくそもありませんよ」

「それが逆ギレだし、また〝ボクの境地〟だべさ。ではあんだ、社員としてのボクではなく、人間としてのボクは、どうなんだべ。ひとりの人間としても四流なんだべか」

「ひとりの人間として……?」

「んだ、ひとりの人間としてだぁ」

言葉がよどむ。

「そう訊かれれば……、まあ、四流ではなく三流でもなく、でも二流じゃなくて、二・四流ぐらいでしょうか」

「刻むね〜、細かく刻むのはネギぐらいにしてけろ。四捨五入して二流でいいべさ。そういうところが自分を罰している証拠だべ。自分はダメですということに関してはやけに自信がある。あれこれ証拠をあげて自分のダメさ加減を声高に叫ぶ。なのにだ、よく聞くべ、ここ大事なとこ、なのに、あんだは他人からはいい評価をもらいたがっている。もっと尊敬されたい、もっと大事にされたい、もっと優しくされたい、そうされて当たり前だとすら思っている」

「そこまで思ってますかね……」

怒りを感じる。

「これでは、車に乗ってアクセル踏みながらブレーキ踏んで、『なんで車が進まないんだ、この車が悪い、この車を作った人間が悪い、この車の会社が悪い、車のある社会が悪い』。そう叫んでる〝いかれぽんち〟だべ。実は、あんだは自分自身に対して理不尽な要求をするモンスタークレーマーになってるんだべ。〝逆ギレ自己内モンスタークレーマー〟だぁ。あ〜こわいこわい」

おじさんは、眉をひそめて首を横に振った。

「ボクがモンスタークレーマーって、そんな……」

その先の言葉が出てこない。

「だいたいだぁ、自分はダメです四流ですって言っておいて、あんだが抱く夢は一流でねえが。アジアの貧しい子どもたちに教育プログラムを提供するんだべ。四流と一流では釣り合ってねえべさ。あんだの夢がかわいそうだっちゃ」

「そこまで言いますか……」

ボクは顔をしかめて歯ぎしりをした。

「そこまで言いますよ。だってオラはあんだに幸せになってほしいと思ってるから。貧しい人たちを助けるあんだの夢、実現してほしいと本気で思ってるから」

おじさんはボクの肩に乗った。

「いいべか、CだDだ三流だ四流だって言うだども、会社での評価はあくまで社員としての評価だっちゃ。あんだという人間全てが評価されているわけでねえべ。しかも〝その時点での評価〟に過ぎない。一年なら一年、半年なら半年という時間を切り取った、期間限定の評価だべ。〝会社人評価〟と〝ひとりの人間評価〟は分けて考えたほうがいいっちゃ」

「でもボクの今の生活は、ほとんど仕事に費やされています。だから〝会社人評価〟はボクという人間の評価に等しく思えます。昨日、教えてもらった創造価値って、主に、仕事を通して実現される価値だって言いましたよね。それで人生に意味が満ちると。そう考えると、〝会社人評価〟の低いボクは、創造価値を実現できていなくて、だからやっぱり生きる意味が感じられないんだって、そう納得できちゃうじゃないですか」

「だから体験価値が人生には必要なんだべ」

「えっ？」

「人生は仕事だけじゃねえべさ。仕事は人生の大きな部分を占める。だども、全てではない。創造価値を生み出すことができなくても、世界から体験価値を受けとることができれば、意味ある人生になるっちゃ」

「それじゃあ、なんかボク、負け犬みたいですよ。仕事で評価されないから、体験価値に逃げてるみたいです」

おじさんはボクを一瞥すると話を続けた。

「また出た。ボクボク、ボクの境地。なんであんだは、他者に想いをはせることができんべか。この世界には、何らかの理由があって働くことが思うままにならない人がいるべ。リストラされ職を探している人。病に倒れ病院のベッドで寝たきりの人。自然災害で一瞬の内に住む家や働く職場を奪われた人。生まれつき体が不自由で創造価値を世界に提供するのがとても難しい人。そうした働くことが困難な人の人生に意味は満ちてこねえのが?」

怒気を含んだ声だった。

しばしの沈黙が流れる。自分が情けなくなった。おじさんの言う通りだ。

「すみません、そんなことないです」

「そんなことがないのなら、どんなことなんだべ?」

ボクは立ちあがり腕組みをして考えた。太陽が静かにボクを見つめている。

誰かの創造価値が誰かの体験価値になる

「今日、体験価値という考え方を知りました。愛が大事だと。それで今思い出したのは、昨日の家族のことです。ワイシャツのお父さんはリストラされたと言ってました。職がなく働けていません。ですので収入がなく辛い状況です。でも、家族がいました。お父さんは家族を愛し、愛を受けとっていました。人生どん底だっていってたけど、家族からの愛に包まれて幸せそうに見えました。あの空間は真善美に満ち溢れていました。お父さんはあの瞬間、体験価値を受けとっていたんだと思います」

「その陰には、あんだの働きがあるべ」

「愛っていうと、ボクの年齢だとすぐ恋愛感情と結びつけてしまうけれど、この世界にはいろんな愛があります。家族への愛、友だちへの愛、ペットへの愛、自然への愛、芸術への愛……、愛っていうと大げさだけど、優しさといってもいいのかもしれません。人から優しくされたらシンプルに嬉しい。それも体験価値だとすれば、たとえ、仕事で評価されなくても、誰かがそばにいてくれるだけでも、人生に意味が満ちてくる。そうだ、あのお母さんも、旦那さんの笑顔を見てとても嬉しそうだった。そうだよ、誰かと互いに笑いあえるのも体験価値だ」

「その陰には、あんだの働きが……」

ボクは自分で話しながら自分で納得し、テンションがあがってきた。屋上のスペースを歩き回った。

「確かに今のボクの生活は仕事仕事で塗りつぶされてしまって、結果を出せないでウツウツとしている。でも、もっと楽観的になってみれば、世界はとても広く、自分のまだ出会っていないたくさんの素晴らしい人がいるはずだ。そうだよ、だからボクは社外のセミナーに参加してきたんじゃないか。人生、仕事が全てじゃない。確かにそうだ。この世界を信頼できるかだって。そうだあの家族の笑顔を思い出せば」

「その陰には、あんだの……」

「ボクの悩みなんて……」

「おら〜、オラの話を聞けっ」

おじさんが目の前でカバンをふり回している。

「まあいいべさ、オラが言いたいことはあんだがもう喋ったべ。んでも、ひとつ気をつけてほしいのはさ、創造価値と体験価値はつながっていて双方大事だということだっちゃ。

あの家族の笑顔の陰にはあんだの働きがあった。それは誰かの創造価値が誰かの体験価値になりうるということだべ」

「誰かの創造価値が誰かの体験価値になる、ですか……」

「すぐれたミュージシャンが感動的なコンサートを開き創造価値を世界に生み出すべ。すっとさ、そこに集まった人たちは体験価値を受けとっているべさ」

「なるほど。感動の創造と体験は密接な関係にありますね」

「んだ。オラが心配したのはさ、あんだは、モノの考え方が白黒思考というか、良いと思うと一〇〇点で良くないと思うと〇点で、評価が極端にふれる傾向があるべ。仕事が全てじゃない、といっても仕事はやっぱり大事だっちゃ。今の高揚した話しぶりだと、仕事は〇点でも体験価値が一〇〇点ならそれでいいって、仕事を投げ出してしまうような危険を感じたっちゃ」

ボクは街を眺めようと手すりのそばまで歩いていき、それに両腕をかけた。おじさんがボクの腕に座る。

「同じことを以前彼女に言われたことがあります。判断の仕方が極端だって。あなたの世界には、いい人か悪い人かの二種類しかいないって。これが、人への信頼感、世界への信頼感を損なう原因になっているのかもしれません」

「あんだの彼女、いいこと言うべな。あんだのことよく理解してるっちゃ。彼女の幸せ願っているが?」

想定外の質問が飛んできた。彼女への不信感のあるボクは「はい」と答えることができず、黙ってしまった。胸が痛んだ。

「んではさ、自分以外の誰かの幸せを願っているが?」

言葉が出てこない。自分のことで精一杯で他の誰かの幸せなんて考えられていない。誰かの幸せを願った記憶がまったく無い。

「いいが、よく聞くべ。『自分は誰かの幸せを願っているだろうか?』。この問いに『はい』と答えられない時、その人は〝ボクの境地〟となって自分を閉じている可能性が高い。今のあんだみたいにさ。んだから、声に出さなくていいから、幸せになってほしい人がいるなら、その人の名前を呼んで『幸せでありますように』と、その人の幸せを願ってみてけろ。すっとさ、〝ボクの境地〟から脱出していけるっちゃ。声に出さなければ、電車の中でも仕事中でも、どこでもできるべ」

「今のボクは自分の幸せを願ってばかりで、他人の幸せなんて……」

「誰かの幸せを願う心、それが〝愛〟だっちゃ」

「そうか、それって体験価値を受けとっているんだ」

「んだ。誰かの幸せを願っている時、その人自身が〝愛〟そのものになってるんだべ。それに気づいたならひとつ前進。日々誰かの幸せを願えれば、あんだの人生、変わっていくっちゃ」

「今日学んだ体験価値という考え方って、人間が大きな世界に生かされているんだと気づかせてくれます。ボクの極端な考え方を修正するのに効果があるような気がします」

「そうしてひとつひとつ気づいていけばいいべさ。気づけなかったことに気づいていく。それがヒト族の〝心の成長〟というものだっちゃ」

「心の成長か。そういえばボクは今、体験価値の真っ最中ですね。おじさんが創造価値を提供し、ボクがおじさんから教えを受け価値を受けとっている。おじさんからの愛だ」

「おいおい、バカたれ君、オラはそっちの趣味はねえからな、頼むよ。ほれ、遅刻すっど」

太陽が高くなっている。

「まずっ」

ボクは屋上の扉へ向けて走り出した。走りながら体をひねり、おじさんにいった。

「日の出最高でした」

「『夢を夢のように操りあなたの夢を爆速実現』もいいけど、日の出もな」

ボクは芸人のようにコケたふりして足をとめた。やっぱ知ってたのか。おじさんに文句を言おうとしたけど、そこに姿はなかった。

「夢の中だけじゃなくて、現実でも彼女とうまくいくといいべな。ほいじゃさ〜」

声が空から降ってきた。情けないような嬉しいような。思わず笑った。

自分の部屋に戻り勢いよくカーテンを開ける。光が差し込み、部屋が明るくなった。カバンを探し手帳を取りだす。ペンを走らせた。

今日の学び

人生は仕事が全てではない。

世界は真善美に満ちている。

誰だっていつでもその価値を受けとることができる。

「生きる意味」はどこに?

希望退職者候補リスト

　ボクは元気だ。大きな声を出して部屋の扉を開けた。

「ただいま〜」

　ローテーブルの上に正座しているおじさんがいた。

「なにそんな深刻な顔してるんですか。やだな〜。全然、大丈夫大丈夫、ボクには強い味方、体験価値があるんです。はい、買ってきましたよ。おじさんとボクの大好物、笹かま食べましょ食べましょ。ほらビールもお酒もたっぷり、今、つまみ作りますね」

　荷物を置いて台所に向かった。

「こっちきて座るべ」

　おじさんの落ち着いた声が背中に届く。

「大丈夫ですよ、昨日の朝、仕事が人生の全てじゃないって教えてもらったじゃないですか。全然、動揺してませんよ。兎追〜いしかの山。動揺してないだけに、童謡をどうよ。なんてね、ボクってけっこう面白い」

「なんだべこの笹かまは」

「はい、マスター。今日は早上がりで、会社帰りに百貨店で買ってきました〜」

「大箱一〇箱も誰が食べるんだべ。それにビールにワインにウィスキーのボトルの数々、誰が飲むんだべ。あんだ酒弱いっちゃ」

「何、言ってんすか、それも体験価値ですよ、やってみなきゃわからない、飲んでみなきゃわからない、人生はパーティパーティ、パーティピーポー、ポーッ」

おじさんが高速で飛んできた。頭に激痛が走る。気を失った。


その日、出社してバックヤードに行くと表情の和らいだ奴がいた。スタッフが空になった段ボールを整理している。

「少しの時間、フロアに出てください」

奴は人払いをした。また叱られるのかと覚悟する。

「そこに座ってください」

声のトーンが明るい。椅子を差し出された。初めてのことだ。奴が立っていてボクが座っている。いつもと逆で薄気味悪い。

一枚の書類を渡される。「希望退職者候補リスト（案）」と書かれていた。上からEランク、Dランク社員の名が並び、その中にボクがいた。
「これが何を意味するかわかるな」

「はい……わかりはしますが……」

「根拠は人事評価だ。先日の面接で伝えている通り、お前はDランクだ」

「そうですけど……」

奴の顔に冷たい笑みが広がる。

「案だから、最終決定じゃねえけど、昨日、本社の人事から部長経由で渡されてよ、正式決定じゃねえから、こうして見せるのは規則違反だけどよ、ほぼ決まりだろ。要は、リストラされんだよ。お前が店長になってからこの店は目標未達が続いてたよな。当然の結果だよ。俺の言った通りにしねえから、こうなんだよ」

噂は聞いていた。急成長のひずみが組織に出始めている。店舗スタッフの教育が行き届かず、お客様に対して無礼な態度をとるスタッフが増えてしまった。顧客満足度は急激に低下し、売上にも影響を及ぼしている。経営陣の判断は、不採算店舗の閉鎖と人員整理を断行してサービスの質を高め、顧客の信頼を回復し利益を確保できる筋肉質な経営を取り戻すこと。そのため近々、大規模なリストラがあるらしいぞ……って。

「まだ、正式決定じゃねえからよ、誰にも言うなよ」

なんでボクが。

「あの」

「なんだ」

Dランクだもんな、仕方ないか。

「いえ、なんでもありません」

「何か言いたいことあるか」

六ヶ月連続、目標未達だもんな。辞めたいって思ってたし。

「いえ、特に……」

「相変わらず、自己主張できない無能な人間だな。ゴキブリくん」

奴はボクの肩をぽんと軽やかに叩くと、足早にバックヤードを後にした。

フロアに出ると、ボクに対するスタッフの接し方がすでによそよそしく、腫れ物にさわるようにぎこちなかった。

経営改革に関するマスコミ発表はその日の午前に行われた。

「急成長のひずみ。リストラ断行」

昼頃には、そんな見出しとともに、我が社の記事がネットニュースに掲載されていた。

「人がどんなに人生に絶望しても、人生は決して人に絶望しない」

部屋のベッドで意識が戻った時、最初に聞こえたおじさんの言葉だった。

正直、またそんな哲学めいた抽象的な話かと思った。魔法が使えるなら、うちの社長の頭の中にでも入って「希望退職者候補リスト」からボクの名前を消してくれ。ボクの周りにいる嫌な奴らを異動させてくれ。クレーマーが来ないように結界を張ってくれ。店長としてすごいリーダーシップが発揮できるようにボクを改造してくれ。

「そんなの簡単にできるべ。んでも、そんな宇宙のルールに反する事したら神様からオラが消される」

ボクは頭から毛布にくるまり体を丸めた。

死の七日間戦争

遠い遠い昔のこと、遥かなる銀河の彼方での出来事だっちゃ。

コロボックル族がまだヒト族のようなレベル1だった頃の話。コロボックル族は高度に科学文明を発達させ、あんだらヒト族がこれから作ろうと躍起になっている高知能アンドロイドを完成させたっちゃ。

「種族の能力を超越した存在が発明される時、その超越した存在によって種族は必ず滅ぼされる」

神の声を聞く賢者たちはそう警告を発し続けたども、科学者たちは「今より生活が豊かになる」と主張して、開発の手を緩めることはながった。民衆は科学者たちを信じた。

それまで、何度かの戦争を乗り越え王族を中心に平和な時代が長く続いていたっちゃ。んでもさ、レベル1の悲しき性《さが》だべなぁ。どんな時代にも欲にまみれたダークサイドに落ちる輩が登場する。他次元から魔の干渉さ受けて、血なまぐさい組織がコロボックル族の支配を目論み動き出してしまったんだぁ。

奴らはクーデターを起こし王族を暗殺。軍を掌中におさめっと、平和を名目に配備されていたアンドロイドを殺戮兵器として使い始め、オラたち民衆に襲いかかった。その威力はすさまじかったぁ。

〝死の七日間戦争〟

思い出したくもねえべさ。抵抗軍が結成されたものの、わずか七日間で九〇%のコロボックルが殺され星は焦土と化したんだぁ。

オラは抵抗軍の戦士として戦った。だども、抵抗虚しく殺戮型アンドロイドに捕まり、捕虜収容所に入れられたっちゃ。

収容所はコロボックルの尊厳を奪う酷い場所だったべなぁ。監視官に殴られ蹴られ、糞尿をあびせかけられた。雪の降り続ける寒さのなか、着られるのはボロ服一枚。仕事はスコップでひたすら土を掘り返しては埋める完全に無意味な行い。食事は一日一回、ひとつの木の実と一杯のスープ。いつもスープに具はなくてさ、時々具が入っているのを見つけっと、それだけで幸せな気分になってなぁ。

外の様子はわかんねえべ。いつ解放されるのかわかんねえ。絶望感が日を追うごとに強くなり心も体も弱っていく。すっとさ、病気になったり精神が錯乱したりして自ら命を絶つ者が後を絶たなかったんだぁ。ほいでオラが気づいたのは、力尽きていく者の多くが生きる意味を見出せないコロボックルだったちゅうこと。

何のために生きているのか。
何を目的にして生きればいいのか。
生きることに何の意味もないじゃないか。

意味を見失うと、誰もが途端に生きる力を失っていった。

これほどまでに「生きる意味」を求めていたとは……。オラは驚愕した。〝意味への意志〟

は、極限状態になればなるほど鮮烈に輝き、渇ききった喉が水を求めるようにオラたちは生きる意味を求めたんだぁ。

平和な時代、オラはヒト族でいう心理学博士の仕事をしててなぁ……。だども、収容所では何もできなかった。できたことと言えば、生きる力が尽きないように仲間を励ますことだけだった。

「それでどうなったと思う。続きを聞きたくねえが?」

優しいおじさんの声だった。言葉を口にする気力はなかった。ボクは微かにうなずいた。

態度価値

収容所の暮らしは、いつ死んでもおかしくねえ最低最悪の状況だったべ。死はいつでも隣にあった。死とともに目覚め、死とともに生き、死とともに眠った。夢にも死が現れた。眠りは死からの解放ではなく入り口だったべ。

やけくそになる者、無気力になる者、ずるがしこく立ち回る者、オラたち種族、というかレベル1の弱さが露呈したべさ。多くの者たちが自分のことだけを考え、仲間のスープを奪ったり衣服を盗んだりして魔に落ちていった。

悲しく恐ろしい目を背けたくなる現実だったべなぁ。

だども、だどもだよ、その反対にさ、体の弱った者に自らスープを分け与えたり、極寒の日に熱を出して苦しむ仲間に自らの毛布をかけたりする者がいたっちゃ。地獄の日々で、天使のごとき振るまいを何度も目にしたっちゃ。その天使の数は決して少なくなかったんだぁ。

驚いたぁ。目を疑ったべなぁ。

最低最悪の状況になれば、コロボックルの心は破壊され道徳は地に落ち、自分の生存だけを目的とする自己中心的な非道な行為が蔓延すると思ってたべさ。環境に心は支配され侵され、どんな強靭な心をもつコロボックルでも良心は破壊され堕落すると、そう考えていたべさ。

オラは、浅はかだったぁ。未熟だったぁ。

天使の心はどんな状況にあっても現れたっちゃ。

病の時も、死の直前でも、誰にも奪うことはできなかった。コロボックルの模範になるコロボックルが常にいたべさ。

生きる価値が生きる意味が、惨劇の中に満ちあふれていた。悪魔になるか天使になるかは、結局そのコロボックル次第だったべさ。

創造価値を奪われ、体験価値を損なわれ、何も価値を生み出せねえ。そんな生きがいを徹底的に奪われた最悪の状況であっても、まだオラたちはオラたちの価値を見出すことができたっちゃ。

その価値をオラは**態度価値**と名づけたんだぁ。これが創造価値、体験価値に続く、三つ目の価値だっちゃ。

「態度価値？」

ボクは首と体をひねり、おじさんの顔を見た。

「ヒト族の世界でいえば、態度価値とは、宿命を自ら引き受け、人間が『とる態度』によって実現される価値のことだっちゃ」

「とる態度によって、ですか？」

「運命と宿命の違いを二日目の夜に話したべな。宿命は変えられねえけど、運命は変えられるってな。オラが収容所に入れられたのは宿命だった。この事実を引き受けるとは、これも宿命だとあきらめること。〝あきらめの境地〟だっちゃ」

「あきらめるって、あきらめたら、ダメじゃないですか」

ボクはベッドで上半身を起こし正座になった。

「あわてるでねっ。自分の人生や運命を、仕方ないと投げ出して何もしねえ、そういう意味での『諦める』ではねえべさ。あんだの国の言葉で書くと『明らめる』だっちゃ」

「明らめるって、そんな書き方、学校で習ったことないですよ」

「明らめるとは、自分の置かれている状況を明らかにしてはっきりと見定めることだぁ。決して避けられない『宿命』だとその事態を引き受け、生まれる前からこうなることは決まっていたんだと覚悟を定めること。これが、〝明らめの境地〟だっちゃ」

「明らめの境地になって、どうなるんです」

「〝明らめの境地〟になれば、今、ここに置かれた自分の状況について問いを発しなくなるっちゃ。どうしてこうなったんだ。何か避けられる方法があったんじゃないか。なんでボクだけが。そんな自分に向けた不毛な問いが消えていくっちゃ」

「問いが消えて、それで……?」

「オラが収容所に入れられたのも決まっていたことであり、あんだが『希望退職者候補リスト』に名前が載るのも予め定められていたことであり、全ては偶然ではなく必然。必然だから、置かれた自分の状況を問うことはやめてさ、今ここからどう人生を創っていくか、それを優先的に考えるっちゃ。『なぜ今こうなのか』ではなく、『では今からどうするか』に焦点を合わせていくんだべさ」

「では今からどうするか……ですか」

「WHYからHOWへ、NOWからFROM NOWへの転換だっちゃ。収容所に入れられた時、オラは問い続けてたんだぁ。なぜだ、なぜこんなことに。どうしてオラがこんな目にあうんだって。そう自分にベクトルを向けて、今を問いただす質問に囚われると、問いが刃《やいば》となり生きる力を奪っていったんだぁ。すっとさ、最初は小さくて軽かった虚しさが、ますます大きく重くなっていった。自分に向けて問いを発することは、明らかに逆効果だったべさ。なぜ？」

「急に、なぜと言われましても……」

「なぜなら、答えなどないからだべ」

「それは違うんじゃないですか。王族を暗殺した輩が悪いのであって、そいつらがいなければ、おじさんは捕虜にならなかったわけで、他にも科学者がアンドロイドの開発をやめていれば大惨劇は起きなかったわけで、答えは何かしら考えられますよ」

「そんなことは繰り返し考えたべ。来る日も来る日も……。あんだの今言った答えは論理的に正しい。んでもさ、そうした答えがどれだけ論理的に正しくても、いやむしろ論理的に正しければ正しいほど、生きる気力はますます失われていったんだぁ。正しさは時に、悲しいまでに人を傷つける」

おじさんは、深いため息をついた。

「それじゃあ、どうしたんですか、その時、おじさんの生きる意味は消滅してしまったんですか。死のうとしたんですか」

オラの仲間のひとりが病に侵されていたっちゃ。体は痩せ細り高熱が続き、今まさに死が彼を飲み込もうとしていてな、オラは仲間を腕に抱き、来世での再会を誓った。

すっとさ、仲間は震える腕をあげ、ある方角を指差したっちゃ。

「いっ……いざという時のために、みんなで……分けて食べようと……思った、きっ……木の実を……あっ……あそこに隠してある。何かあったら、みんなで……分けて……食べてくれ……みっ………みんな………ありがとう」

仲間は事切れた。ありがとうが最後の言葉だった。とても安らかな死に顔だった。

死の直前にあって〝ボクのコト〟ではなくて、〝仲間のコト〟を想う。彼のあまりに高い精神性と尊い境地に打ち震えたっちゃ。その瞬間だったぁ。強い衝撃が全身を貫きオラは理解したんだぁ。

意味はこの世界に満ちあふれている。
いついかなる時でも、
どんな状況にあっても生きる意味はある。
生きる意味があるか無いかと問う必要はない。
我々は問われている。
その問いかけにひたすら答えていけばいい。
答えていけば生きる意味は発見され、
生は必ず意味で満たされる。
だから、どんな時でも我が生にイエスと言おう。

「この最後のイエスって、例の『セイ・イエス』のことですか」
「んだよ。オラがへっぴり腰で叫ぶ『セイ・イエス』は、地獄の体験を通して仲間とともにつかみとった、このことだべ」
「そうだったのですか」

深い悲しみに耐え語るおじさんの言葉を耳にした時、霧の中をさまよい探し求めていた心のスイッチが、ふれることなく切り替わる、その軽快な音をボクは確かに聞いた。

「ヒト族にも時に、あまりにも酷い運命からの問いかけがある。だども、どれだけ辛い状況になっても、その状況に対してとる態度によってイエスと肯定できるような価値を生み出せる。それをオラは『態度価値』と名づけたんだぁ」

「今の話に出てきたおじさんの仲間、その最期の時がまさに態度価値の生まれた瞬間ですね」

「んだぁ。オラたちが収容所からすぐに出るという自由はながった。あんだも希望退職者候補リストからすぐに外してもらう自由はない。生きている限り常に様々な制約があり、その制約の中を生き抜かねばなんねえ。制約からの自由は約束されてねえ。だども、その制約の中でどんな態度をとるのか、その自由は約束されている。たとえ死の直前であっても **〝態度選択の自由〟** は保障されているっちゃ。悪魔になるか天使になるかは、最後の最後、自分自身の意志であり選択なんだべ」

「〝態度選択の自由〟ですか。それがどんな時にもどんな人にもあると……」

ボクは拳を握りしめた。

人間の業績

その死んだ仲間は病に倒れてから絶望の連続だったんだぁ。

収容所での仕事は、そもそも意味がねえから、創造価値を世界に差し出せねえ。やがてベッドから起き上がることも困難になって、他の仲間との会話もろくにできなくなってなぁ、んだから体験価値の質までひどく劣化して、まるで人生から受けとるものは何も無いように見えたんだぁ。

オラは思った。こんな状態になっても生きる意味はあるのか。

そんな苦しいのなら早く、息をひきとったほうがいいんでねえか。

だども彼は最悪の制約を超越し、死の直前に選択した自身の態度、仲間を想い感謝するという、その高潔な態度によって自らの生をより意味深いものにしたんだぁ。

仲間のために溜めた木の実の場所を教え、オラに生きる勇気を与えたべ。おまけにインスピレーションの女神まで引き寄せてくれて、オラはそのお陰で態度価値という考えを思いつくことができたべ。

彼の生は、死は、無駄だったか。意味のないものだったか。

決してそんなことはないべ。彼のとった態度は、コロボックルの生においてなしうる比類なき〝業績〟だったべ。

「業績……ですか。それを人に当てはめれば、〝人間の業績〟ということですね。会社での業績じゃない、評価ではない、社員としての業績ではなく、ひとりの人間としての〝業績〟ですね」

リストラという最低の評価を受けた後だからか、〝人間の業績〟という言葉が胸に響く。

仕事の完成より、人間の完成。

以前、何かの本で学んだ言葉を思い出した。

「〝人間の業績〟とは、何も人事評価でAをとったり、会社で重役になったり、芸術家が優れた作品を創ったり、実業家が事業を残したり、そんな形あるものだけではねえべさ。自分が置かれた状況でどんな態度をとるのか、その態度そのものが意味をなし人生での業績になる。だとしたら？」

おじさんが問う。ボクは少し考え、こう言った。

「人間がどれだけ人生に絶望しても、人生は決して人間に絶望しない」

「わかってきたべな。人生を投げ出すのはいつでも人間の側だべ。人生は人を投げ出したりしないっちゃ」

「確かに、そうなのかもしれません」

発見的楽観主義

「オラはこれまで、〝生きる意味〟を失い絶望している人をたくさん助けてきたっちゃ。その過程でさ、あんだみたいに人生につまずいていても〝生きる意味〟を発見し、人生観を変えてたくましく〝生き直す人〟を多く見てきたっちゃ。それでわかった決してへこたれない人の特徴ってな、今がダメでも、この先に何かいい事があるって思っていること。自らの人生に希望を見失わず楽観的であること。小難しい言葉でいうと〝**発見的楽観主義**〟なんていうんだども……」

「発見的楽観主義ですか」

「んだ。発見的楽観主義でいけばさ、失敗に直面しても強くなれるっちゃ。人生に不運はつきもの。どんな人もうまくいかない時がある。オラの収容所生活もそう、今のあんだもそう、希望退職者候補リストに名前が載るのは、確かにキツイ」

「かなりキツイです」

「キツイけれども、そのキツイことにも意味がある、決して無駄にはならない、そう思えれば、なんとかなるっちゃ。あんだみたいな〝ボクの境地〟では、心の視野が限定されて、未来で待ってる多くの可能性に意識を向けられねえべ。自分を中心にして人生を眺めてばかりいたらさ、リストラ＝失敗＝絶望ってさ、思考が短絡的、悲観的になるっちゃ」

「そう言われるのもキツイですけど、確かにボクは何かにつけて悲観的になりやすいたちです」

「んでもさ、もっと楽観的になって広い視野で人生を眺めれば、自分の存在を未来で待ってる人がいる、何かすべきことがきっとある、そんなふうにさ、時間的にも空間的にも心の視野を拡大させて、もっと人生に可能性を感じながら生きていけるべ。発見的楽観主義なら、自分で自分を支えることができ、たとえ孤独で困難な状況になっても、心はそう簡単に折れやしねえべさ」

「この発見的楽観主義というのは、昨日のおじさんの話にあった〝世界を信頼する〟という話に通じてますね」

「んだ。逆境にあってもへこたれねえ人って、『人生なんとかなるよ』ってよく言う。これって世界を信頼していることだべ。そして、この問いが大事だぁ」

人生から何を期待されているか？

「自分がアレしたい、コレしたい、こうなりたいではなく、人生の側に立って、『人生は今の自分に何を期待しているのだろう』と問いかけてみるっちゃ」

「二日目の夜だったと思いますけど、年収をあげたいとか、海外へMBA留学するとか、アジアの子どもたちへ教育プログラムを提供するとか、なりたい自分になるんだって息巻いてました。これって全部、ボクが人生に期待していることですね」

「んだ。また言うけどもさ、オラはそれを否定しねえっちゃ。人生に夢や目標を持って、それに向かって突き進む。このプロセスだってOKだっちゃ。ただそれだけだと長い人生、辛くなるということ。失敗が続いた時に心が折れやすくなるし、立ち直りが遅くなるっちゃ。んだから、辛い時は人生観をひっくり返す。そして『人生から何を期待されているか』、その問いかけに耳を澄ます。どうだぁ、あんだ今、人生から何を期待されていると思う？」

ボクは一度腰を浮かして正座している足を組み替えた。

「今思うのはさっきの態度価値のことです。ボクはリストラ候補になりました。希望退職者なんてオブラートに包んでますけど、要はクビですよクビ。でもそこで、ボクがどんな態度をとるのか。どんな姿勢で仕事にのぞむのか。それを人生から問われているような気がします」

「んだ」

「今の正直な気持ちは、『会社から逃げ出したい』です。逃げるのも人生からの問いに対する答えであり、ボクのとる態度です。でもそれでは不合格ですね。態度価値を生み出すためには、やっぱりいつも通り出社していつも通り仕事をすることだと思います」

おじさんが飛んできてボクの肩に座った。

「いいっちゃ、いいっちゃ、いい感じだっちゃ」

「朝礼やってレジ打って棚整理して段ボール箱を潰してフロアをモップで磨きクレーマーがきたら頭下げて黙って聴いて売上集計して本社に報告してまた叱られて嫌み言われて、そう、まだすべき仕事がある。これが今のボクに人生が期待していることだと思います。逃げたって何も変わらない。どんな時にも意味がある。だから、これも定めと思ってやってみます」

「宿命を引き受けたべな」

「この会社に入ってからボクはずっと逃げ腰だったのかな。いつも心のどこかで会社の人たちを小バカにしていたような。こんなブラック企業でよく働くよって。目の前にある仕事に向き合えないから、セミナーに参加して社外の人たちと交流して、それで仲間をつくった気になって、SNSに写真アップして友だちの人数を増やして……優越感を抱くためにものすごく無理していたような……」

「〝孤独になる勇気〟だべな」

「嫌われる勇気ですか」

「違う。〝孤独になる勇気〟だっちゃ。あんだ、ＳＮＳやっててストレス感じてねえが。疲れてねえが。セレブなパーティ風景の記事にやたら〝いいね〟してっけどさ、本当はひがんでねえが」

的確にボクの痛いところをついてくる。その通りだ。ＳＮＳをやりながら、ボクはむしろ不幸な気分になっていた。どんどん自分の嫌いな自分になっていった。

おじさんは、ボクの肩から離れてローテーブルの上で寝そべった。

「ねたみひがみの感情がわくなら、今日からＳＮＳ見る時間さ、少なくしたほうがいいど。心の健康によくないっちゃ。〝孤独になる勇気〟をもってけろ。孤独は決して寂しい時間ではなく、自分の内なる深さを知る豊かな時だべ。孤独でもいいと思えれば、逆に、人を信頼できて深く人とつながれる」

「孤独でいいって開き直ったら、自分を閉じて人とのつながりを拒絶することになりますよ」

「真に孤独になれる人間は、真に自分を開ける人間だっちゃ。自分を信頼しているから孤独になっても平気だし、裏切られても独りでやっていけると自分を信じているから、人の集まりの場に平気で出ていける。だから人と深くつながれる。あんだは自分も他人も信頼できてねえ。だから閉じているんだべ」

ボクはきまりが悪くなり頭をかいた。

「それにあんだ、さっき優越感って言ってたども、ネットの中だけの友だち増やして優越感を抱くような安っぽい人間とお近づきになりたいか。あんだは、自分の優越感のために他人を利用するバカたれでねえが？」

「そうですね」

ボクはあっさり認めた。

「あらっ、素早く納得なのね」

片肘で寝そべるおじさんの頭が、支えていた手からずり落ちた。

「さっき収容所の話を聞いて、おじさんの話って、実体験から生まれたものだとわかって、それで何なんでしょう、妙に納得できるんです。孤独になる勇気も、〝人生から期待されていること〟の話も。SNSやりながら不幸になってたのも事実ですし、ボクはバカたれです」

「そう簡単に納得されると、張り合いがなくなるべなぁ」

「ボクは人生に絶望しかけたけど、人生はボクに絶望していない」

おじさんはボクの言葉を聞くと、立ちあがって言った。

「なぜそう思うんだぁ？」

「すべき仕事があるからです。行くべき職場があり態度価値を実現するチャンスがボクには残されています。リストラされるってまだ決まったわけじゃないし」

「どうしちゃったんだべ、帰ってきた時、完全に壊れてたのにさ。んだら、童謡でも歌いますか。もう動揺してないだけに童謡をおひとつ、どうよ」

ボクのかかと落としがおじさんをとらえた。

「そこディスりますか」

「痛いべな〜、あんだ、暴力だけは一人前だべな。酒だ、酒もってこい。笹かま足りねえべさ」

「おじさん、お酒飲むんですか」

「当たり前だべ。ヒト族のつくる酒は最高だっちゃ」

「だったら、そこに余るほどあるのでご自由に」

「こんなんじゃ足りねえべ。もっともっと」

「それを、自己を中心とした欲求っていうんです」

「わかったような口きくでねえべ、バカたれ」

ボクは笑った。リストラ候補になって笑った。笑って、誰かと話すことの大切さをしみじみと感じた。話すことで自分の考えが明瞭になり、心が潤っていくことの重要性を理解した。

おじさんは笹かまを食べて日本酒を少しだけ舐めた後、顔を赤らめ「ほいじゃさ～」といつもの言葉を残して消えた。静かになった部屋でひとり考え、手帳に書き込んだ。

今日の学び

人生からの問いかけに耳を澄ませ。
人生が期待していることを実行せよ。
そうすれば、人生に意味は満ちる。

どんな時でも人生にイエスと言える？

小さな変化

いつもより三〇分だけ早く起きた。ジャージに着替え屋上に行った。太陽を眺め朝日を浴びた。体を動かそう。頭のなかに「ラジオ体操第一」の音楽が流れてきた。知ってるのはラジオ体操ぐらいか。苦笑いしながら体を動かした。

空を眺めて彼女の幸せを願ってみた。心にわだかまりがあるのを感じる。うまくいってないんだ。仕方ないか。次に母の顔が頭に浮かんだ。素直に幸せを願う。

「お父さんが幸せでありますように」と呟いてみた。抵抗感がひどくて、それをごまかすために「とにかくみんなが幸せでありますように」と、太陽に向かって叫んだ。

電車に乗りお店に出社する。朝一番、店前の通りを地域の人たちと一緒に清掃した。いつも通りの仕事が今日も始まった。部下がくってかかってきた。もっと明確に指示をしてくださいと、聞き慣れたセリフだった。

「君は間違っていると思う。ボクの指示通りにやってください。やり方がわからなかったり疑問があれば今この場で教えます。それと、何かボクにできることがあればいつでも言ってください。君の仕事がしやすいようにサポートするのがボクの仕事ですから」

彼女は驚いた顔を見せ、後ろに半歩さがるとそのまま何も言わず立ち去った。

クレームの電話がひとつ。「責任者を出せ」と月並みな脅し文句に、「私が責任者です。店長です。お話は私が伺います」と即答した。

夕刻、スーパーバイザーの姿を店舗で見つけて歩み寄った。

「リストラが正式に決まったら教えてください。いろいろと準備もあるので」

奴はボクの顔をしばらく眺めてから冷笑して言った。

「準備だって。まだ準備、終わってねえのか。相変わらず意思決定のスピードも遅ければ行動も遅え奴だな。だから六ケ月連続目標未達なんだよ。目標達成できねえリーダーなんか、うちにはいらねえんだよ。一日でも早く辞めてくれたほうが、会社の利益になるよ」

奴の目を見て穏やかに言った。

「そうですね」

お店の終了時刻を知らせる音楽とアナウンスが流れた。フロアで終礼をして売上集計してデータを社内イントラネットにアップし時計を見ると十時半を回っていた。電車に乗った。スーツを着た酔っ払いが「うちの上の奴らはバカばっかでやってられねえよ」「ほんとにそうだよな。バカばっかだ」と、肩を寄せ合い会社の愚痴をこぼしていた。みんな大変なんだ。ボクだけじゃない。

自己距離化

コンビニに寄って唐揚げ弁当を買って自宅に戻った。ジャージに着替え屋上に向かう。月が輝いていた。星が瞬いていた。宇宙を感じる。

ボクらは生かされているんだ。

そう呟き、部屋に戻ってシャワーを浴びた。お弁当を食べようとローテーブルの前であぐらをかく。無意識の内にスマホを手にしている。〝孤独になる勇気〟という言葉が頭に浮かんだ。スマホを置いてテレビをつけた。唐揚げを口に入れる。

「グッ、ジョブ」

聞いたことのある声がテレビから流れた。顔をあげて画面を見ると、親指を立てて拳を突き出す満面の笑みのおじさんが映し出されていた。

唐揚げを吹き出す。

「なっ何してるんです。なんでテレビに」

「あんだ忘れたん？　オラ、レベル5。こんなん簡単、グラタン、あんだの頭はアンポンタン。ヘイ、ホー」

おじさんはラッパーがよくやる手首を曲げて手の甲を相手に向けるポーズをとって静止した。つっこみを入れるために何かを投げようと思ったけど、テレビが傷つくし、内面の穏やかさを壊したくなかったから、そのままお弁当を食べ続けた。

「あら、無視すんのが。せっかくスマホさ置いたの褒めてやったのになぁ。ああ、寂しいっちゃ寂しい、寂しさで死んでしまうべ」

そう言うと、おじさんは画面から抜け出し宙を飛んでローテーブルの上に着地した。

「そんなんで死にませんし、無視なんてしてませんよ。なんか今日は、気持ちが落ち着いているので」

あぐらをかこうとしていたおじさんは、動きをとめてボクを見上げた。

「底に足がついたが？」

「底に足？」

「今、どんな感じだべ」

「何なのでしょうこの感じ。リストラの悔しさはあるし、自分が情けないという感情もあります。人生に対する虚しさだってまだまだある。会社に行き仕事をして、何も変わらない平凡なよくある一日でした。部下に嫌なこと言われ、やっぱ腹がたった。むかついた。スーパーバイザーにまた嫌み言われて、いつも通りDランクのボクです。ただ何かが微妙に違っていました。何なのでしょう、この感覚、言葉にできない」

「言葉にできねえけども、あえて言葉にしてみると?」

「いや全然、違ってないんです。いつもの通勤路、いつものお店、いつもの人間関係、いつものコンビニ、いつものこの部屋。でも何かが違う。何かがクリアになっているというのか、世界が少しだけ静かになって彩り鮮やかになっているというか……世界がボクに何かを語りかけてきているような」

「世界が少しだけ静かになって彩り鮮やかになった。世界が語りかけてきているような気がしている」

「基本はいつもと一緒です。でも少しだけ違う。その少しの差がとても価値あることのように思えます。おじさんといろいろ話して、知らないこと教えてもらって、これまで独りでもがいてたんだなって思います」

おじさんは黙ったまま何度もうなずく。

「今、ホント思うのは、今のボクでは、独りでこの難題を解決するのは無理だってことです。誰かの助けが必要だったということです」

「誰かの助けが必要だった」

「おじさんと出会う前、店長になってからよく見てた夢があるんです。シーツを頭からかぶってて、そのシーツを取ろうとしても取れない夢です。取ろうとして暴れれば暴れるほど取れない。なんだよ、たかがシーツじゃないかって思うんですけど、全然取れないんです。それで、ひとりで部屋のなかでバタバタ暴れてて、すると、誰かが近づいてきて何も言わず、フッと優しく取ってくれるんです。ボクはその人を探すんですが、もういないんです。こんな簡単に取れるんだったらもっと早く助けを呼べばよかったって、そう思いながら嫌な汗かいて嫌な気分で目が覚めるんです」

「夢の中でシーツ取ってくれたの誰？」

「いや、それがわからないんです。中年の男性のような感じだったんで、それっておじさんじゃないかって思うんですけど……」

「オラか、予知夢だっちゃ。すごっ」

おじさんは含みのある笑いをボクに向けた。

「きっとおじさんですよ。だって、今何か暗いトンネルから抜けられそうな感じです。さっき『底に足がついたが』って言ってたじゃないですか。それって、よく本に書いてるやつですか。逆境という海に溺れたら、すぐに浮き上がろうとせず、底まで潜って、底を足で蹴って浮き上がれ、そうすればうまくいく。ここでいう底にボクの足がついたということですか」

「その比喩もいいんだどもさ、さっきのシーツの夢と似てるので底に足がつく話あるべ。その棚にある本に書いてあるべ」

ボクは本棚に並ぶ自己啓発本を眺めた。

「溺れる溺れるってパニックになっていたら、誰かに『立てるよ』と言われて、足をつけてみたら、実は、溺れるほど全然深くない浅瀬だった」

「そうそう、それだっちゃ」

ボクは体から力が抜けた。

「ひとりでもがいていたのかな。バカみたいだな」

「だからバカたれだって何度も言ってきたべ」

「ほんとそうですね。笑える」

「笑ってけろ。自分を笑えるというのは、自分が自分に適度な距離をとれるようになった証だっちゃ。**〝自己距離化〟**なんていうべさ。距離がとれれば自分が見える。自分が見えれば自分の状態がわかる。自分の状態がわかれば自分との上手なつきあい方がわかる。くっつき過ぎると、どうだぁ？」

おじさんは飛んできてボクの鼻にくっついた。

「オラの姿、見えっが?」

「痛い痛い。近い近い。見えないです、見えない」

「だべ、オラ、これまで何度もこうして大接近してきたべ。それ、こういった意味があったんだぁ」

「そうだったんですか。確かに、近い近いって、ボク何度も言ってた」

「あんだはいつも、自分と自分が近いんだべ。心のベクトルが自分に向き、自分をいつも見てる。だども、全然自分が見えていない。いつでも自分が自分でいっぱい」

「自分が自分でいっぱい、ですか」

「余裕がなくて焦っている状態をなんて言うべ?」

「いっぱいいっぱい、です。これって普段でも使いますね。仕事量が多くて自分の能力の限界に達してちょっとパニクってる状態。そんな時、確かに笑えない」

「ボクはなぜ、ボクはどうして、ボクはボクは……。そうして自分のことを考える時間が長くなればなるほど、自分が自分でいっぱいになり笑いも出てこなくなる。笑うこと、さらに自分をも笑えること。それは、心に余裕があることだっちゃ」

「笑うって大事なんですね」

「収容所での壮絶な日々のなかでも笑いはあったんだぁ。明日死ぬかもしれないという状況でもオラたちは笑った。ユーモアを忘れなかった。くだらないダジャレを言う者や監官のモノマネをする者や自分の失敗談を語る者がいたべさ。浮気がバレて彼女に土下座したらベッドの下に男が隠れていて彼女の方も浮気していたとか、新婚初夜、家でおならしたら奥さんが気絶して離婚騒ぎになったとか、仕事で大失敗して謝罪しにいったら相手のカツラがとれて笑いをこらえるのに死にそうになったとか……」

「それホントの話ですか」

「盛ってるかもしんねえけどさ、イイべさ、少しの嘘ぐらい。笑ってると心が潤った。くだらない自分の失敗談を仲間に披露して、自分で自分を笑い者にする。そうすっとさ、心にゆとりがあるのを感じたっちゃ。そして時々、自分自身を空から眺めるような不思議な感覚が訪れたんだぁ。そこでオラは思う。**世界はいつでもくだらなくていつでも愛おしい、**とな」

おじさんは空中に浮かび、両腕を広げて天を仰いだ。

自分を捨てる

「世界はくだらなくて愛おしい、ですか」

「サングラスかけて白衣着てヘソ出しタイツ姿。このくだらねえ捨て身のオラの格好見てけろ。なんでこんなスタイルしてるか、これでわかったべ。悩める人にちょこっとでも笑ってもらおうと思ってさ、自分を捨てて、これでも努力してるんだべ」

「そういえば、自分を笑い者にするって、自分を捨ててますね」

「よく気づいたなぁ。自分を捨てるとか捨て身の覚悟ってよくいうべ。それってどういったことだべ？」

「自分に囚われず、自分を忘れて誰かのために必死になることでしょうか」

「だべ。誰かを思い、何かのために、心は外の世界へ開かれる。これは〝ボクの境地〟とは正反対の境地だっちゃ。そういった自己を超えている心の状態をなんて言うべ？」

ボクはすぐこの言葉が浮かんだ。

「自己超越です」

「ビンゴっ」

「誰かに笑ってもらおうと自分を捨てる時、そこに自己超越があるのか」

おじさんの話に納得がいき、ボクは自然と正座になった。

「あんだは、〝ボクの境地〟で〝ボクのコト〟を、あ〜だこ〜だと省みる。自分を省みること、つまり反省は大事だぁ。反省なき人間は傲慢になり成功から遠ざかる。だども、自分をやたらとふりかえり、反省し過ぎることを『過度の自己観察』なんて言うんだども、そうすっと、自己に囚われてうまくいかなくなるっちゃ」

「反省は大事だと小さい頃から教えられてきてますけど……反省がいけないんですか」

「反省することは、あんだが真面目であることの証。反省は全然ＯＫだっちゃ。ポイントは反省して自分を見つめ過ぎると、自己執着となって自己超越から遠ざかってしまうこと。あんだ、完璧主義なところがあっから反省が逆効果になってるべ。ちょっとでも自分の思い描く理想と現実にギャップがあると、すぐに否定的な感情がわく。怒り妬《ねた》み嫉《そね》み悲しみ嘆き虚しさ、などなど……だから今のあんだの場合、反省はほどほどにしたほうがいいっちゃ。反省しねえほうが元気になれる。これを〝反省除去〟という」

「反省除去？」

おじさんの姿が消えた。なんだっ。グロテスクな虫が現れる。キモッ。ムカデか。そこにカエルも来た。

ムカデのジレンマ

むかしむかし、ある森に一匹のムカデが住んでいました。

ムカデは、一〇〇本の足を使って華麗に踊ることができました。

動物たちはムカデの美しいダンスを見ては拍手喝采しました。

ムカデは森一番の人気者。

ムカデはそんな自分が大好きでした。

ある日、森の広場でムカデが華麗に踊っていました。

するとカエルが近づいてきて尋ねました。

「ムカデさんは、どうしてそんなにダンスが上手なんですか」

「何も考えない。あるがまま。ただ踊るだけ。自然に体が動くんだよ」

「ところで、四番目の足と四四番目の足はどうやって動かしているのですか」

「四番目と四四番目だって？」

・・・・・・・・・・・・・・・・・・・・・・・・・・・・

「それに九番目と九九番目の足はどうやって？」

ムカデは自分がどう足を動かしているのかを考え出しました。

そんなことは今まで考えたことがありません。

するとムカデは四番目と四四番目、九番目と九九番目の足を意識しました。

ムカデは踊るどころか、その場に倒れて歩くことさえできなくなりました。

カエルは言いました。

「自分のことばかり考えるからそうなるんだ」

カエルは薄笑いを浮かべて森の奥へ消えていきました。

おしまい。

・・・・・・・・・・・・・・・・・・・・・・・・・・・・

ムカデがひっくりかえりもがいている。

「助けてくれ〜誰か〜、歩けない動けない。こんなムカデだども、ムカデだけに、ムカッデしないで」

おじさんは元の姿に戻り、ドヤ顔をしてボクを見ている。

「チョイチョイ、ダジャレ、入れてこなくていいですから、話を先に進めてください」

「ムカデだけに、刃むかってこないで、こっちがよかったべかな〜」

ボクは割り箸をおじさんの喉元に突きつけた。

「話を先に……」

「わかったべわかったべ。では聞くど。今の寓話での教訓は何だべ」

「カエルの最後の言葉、『自分のことばかり考えるからそうなるんだ』が、ダブルミーニングです。カエルはムカデの人気を妬んでいたのでしょう。ムカデは森一番の人気者で自分のことが大好き。そんなナルシスト的な性格が災いのもとになりました。これがひとつ目の『自分のことばかり』。二つ目は、何も考えずあるがままにダンスをしていたムカデが、自分の踊り方に意識を集中した、つまり自分を過度に省みてしまったがために、逆にダンスができなくなってしまったことです。ということで、自分のことばかり考えるとうまくいかなくなるよ。反省することはほどほどに、という教訓です。今日は気分が落ち着いているからか、答えがすぐ出てきます」

「ブッブー」

おじさんが口をとがらせて、腕をクロスして迫ってきた。

「違うべ違うべ、四と九でシクシク悲しい話ってことです～」

「なんですかそれ、めちゃめちゃですよ」

至高体験

「なんだべなんだべオラの出る幕がねえべさ。わかってるならもういいっちゃ。んだら、自分のことばかり考えるのやめてけろ。もっと自分以外のみんなのことを考えてけろ」

「逆ギレですか」

「逆ギレじゃありません。マジギレですぅ～」

「どうしたんです急に、変にからみますね、朝起きてここまでいい感じだったのに。これじゃ台無しですよ」

「このバカたれ、何がいい感じだ何が台無しだ。それが気にいらんべ。あんだ、心のどこかで自分が不思議な体験をして特別な存在になりつつあるかもって勘違いしてねえが？」

「えっ」

「あんだの朝から続いた感覚は、**至高体験**といわれるもののひとつと言っていいべ。ヒト族によく起きることだっちゃ。確かに特別な体験ではある。んでも、その感覚は決して長続きしねえ。明日か明後日か、長くても一週間できれいさっぱり消えてなくなる。貴重な体験ではある。だども、頼るべき体験ではないっちゃ」

「消えてしまうんですか」

「特別な体験を一度すると、ヒト族はそれをまた求めてしまう。依存してしまう。これが怖いっちゃ。あんだのようなボクの境地になりやすい人間は、特に依存しやすい」

「急にテンション変えてそんなこと言われても……」

「不思議な感覚を抱き何かがうまくいったとするべ。そして、その感覚が消えた途端に、うまくいかなくなることがよくあるっちゃ。すっとさ、ボクにあの感覚が戻ればまたうまくいくはずだ。ボクにあの感覚がないから、ちょっとうまくいっていないだけだ。戻れ戻れ、あの静かで現実がクリアな神秘的な感覚よ、どうかボクにもう一度。そう強く求めてしまうっちゃ。これまた〝ボクの境地〟だべ。至高体験を再体験する努力に日々の意識が奪われていく。そうすっとさ、現実生活が疎かになりまた人生うまくいかなくなる。これこそ、カエルが言ったセリフ、はい、どうぞ」

　おじさんはボクを指差した。

「〝自分のことばかり考えるからそうなるんだ〟」

　ボクはむくれた顔で答えた。

「あんだがその感覚を体験できたのは、人生うまくいかなくなって、それをなんとかしようと悩み苦しんできたからだっちゃ。悔しい思いに耐え、虚しさに押し潰されそうになりながら無我夢中で悩んできた。その悩むという行為自体に作為や意図はなく、ムカデが美しく踊ってた時のように〝あるがまま〟だったべ」

「ちょっと待ってください。それは違うんじゃないですか。〝あるがまま〟って言いますけど、今悩んでるボクは、カエルの台詞の通り、自分のことばかり考えるからこうして悩む事態になってるんであって、おじさんの話、矛盾してませんか」

「陰、極まり転じて陽となる」

「なんですか、それ」

「ここでの陰をあんだの『悩む自分』とする。『悩む自分』を極める。徹底的に悩んで悩んで苦しみを味わってそれが極限に達する時、『悩む自分』は反転して、陽『悩まない自分』となる」

「それがボクの至高体験の原理ですか」

「確かにあんだは、いつでも〝ボクの境地〟だった。んでも、昨日の夜は違ってたでねえか。創造価値、体験価値、そして態度価値を知り、〝人生から期待されていること〟が何かを考えたべ。〝人生から期待されていること〟に思いを巡らすこと自体が、世界に開かれた意識であり、そこに自己超越の大いなる可能性が秘められているっちゃ。あんだは、すべき何があると言った？」

「すべき仕事があると言いました。店長の仕事です」

「仕事について考え、仕事としっかり向きあおうと思ったんだべ。もし仕事に無我夢中になれるとしたら、それ自体が自己超越していることだっちゃ。仕事って、ちょこっと、そこらの紙に書いてみてけろ」

仕事の意味

ボクは手帳を取り出し空白に「仕事」と書いた。

「仕事の『し』は音読みで、『ごと』は訓読み。この漢字を分解して全部、訓読みにしてみてけろ」

「訓読みですか。『事』はそのままで、『仕』を訓読みすると『つかえる』ですので、『つかえること』、いや、漢文の授業で習ったレ点をうてば『ことにつかえる』と読みます」

「んだ、『ことにつかえる』。ボクはこれがしたい、私はあれがしたいっちゅうのは、自分の欲に仕えていることだべ。それだと『仕事』ではなく『仕欲』だっちゃ。それは『私事』であり『私欲』だべ。でなくてさ、その時その場で与えられるすべき事に自分を捧げ仕える。それが仕事の本質だべ」

「それって古臭い考えですよ。今のボクらの国で、企業が『仕事に自分を捧げよ』なんていったらネットで炎上しますよ。おじさんがレベル1だった時と同じで、ボクらの国でも戦争がありました。それで滅私奉公って言葉がネガティブな意味にとらえられがちで、会社に自分の人生を捧げる犠牲的な生き方、考え方にすごいアレルギーがあるんです。今はワーク・ライフ・バランスといって、仕事とプライベートを分けて考えます。仕事に自分の人生を捧げるなんて、ボクらは奴隷じゃないんです」

「オラは働き方のことを言ってるんでねえべ。長時間労働して体を壊して人生がボロボロになるような働き方、これを滅私奉公というならそれはアウトだべ。オラは仕事にのぞむ姿勢や境地について話をしてるっちゃ。就業時間内での話といえば、わかりやすいが？」

「そういう話ならば、わかりますけど、でも抵抗感はぬぐえません」

「あんだ、今の仕事で、ひとつだけイキイキしてやってるのあるべ？」

なんだろう。一日の仕事を頭の中で追いかけた。

「毎日じゃないんですけど、週に何度か、近所の人たちとやってる朝の清掃活動ですかね。これは好きで楽しくやってます」

「なんでそれはＯＫ？」

「朝の清掃活動は、うちの会社が社会貢献・ボランティア活動の一環として創業以来、大事にしていることなんです。企業は公器です。企業市民という言葉もあります。市民の人たちと共に生き、地域にとけ込んで共生できてこそのお店です。ボクのおじいちゃん、おばあちゃん世代の人たちですけど、朝一緒に掃除してると、かわいがってもらえますし、この人たちに、社会に貢献できているんだって思うとやりがいを感じるんです。だから好きなんだと思います」

滅私奉公

「嬉しそうだべな。ボランティア活動って、ジャパン語で？」

「奉仕活動だったかな」

「奉仕だべ。あんだ立派に滅私奉公してるべ」

「違いますよ。何言ってんですか。これは企業の社会貢献活動です。お金とは関係ないもっとキレイで尊い活動です」

「はい、ゲロゲロ。ここでまた、びっくりゲロゲロ漢字分解コーナー。滅私奉公という言葉から社会貢献活動と同じ意味となる文章を作りなさい。はいゲロゲロ先生」

おじさんはカエルに変身して一人二役で演じ始めた。

「まず『滅私』と『奉公』に分解します。企業は私企業ともいいます。私企業は利益をあげて経営を行います。はいゲロゲロ。「滅」とは、その存在を無にすることですので、『滅私』とは、「私企業が無償で」となります。はいゲロゲロ。次に『奉公』ですが、「公」とは社会のこと。「奉る」は、下の地位にある者が上の地位にある者に何かを差し出すこと。企業が社会に何を差し出すのかといえば、お金や社員の労働力です。はいゲロゲロ。よってこうなります。滅私奉公とは、『私企業が無償で、社会にお金や社員の労働力を差し出すこと』。はい正解ゲロゲロ」

ものすごいむかつく。

「どうだべ。違うの、ゲロゲロ」

ボクはイライラして元の姿に戻ったおじさんに迫った。

「そうですけど、そんな滅私奉公にこだわらなくてもいいじゃないですか、ページがもったいないし、滅私奉公しろなんて奴隷的な働き方をすすめたら、この本、絶対、炎上しますよ、いいんですか」

「いいんですゲロゲロ……」

「ゲロゲロゲロゲロ、うるさいっ」

ボクはおじさんの体を鷲づかみにして、コンビニでもらった爪楊枝を目元に突きつけた。

「わかったわかった。オラの大事なサングラスが割れるべ、やめてけろ。あんだの課題がこれで見えてくっから、もうちょこっとご辛抱。あんださっき、社会貢献活動のこと、『お金とは関係ないもっとキレイで尊い活動』って言ってたべ。それって逆に言うと、お金が絡む仕事は汚くて卑しいってことだべ。ちゅうことは、あんだ、お客様からお金をいただき商品を売って利益をあげている自分の仕事を汚くて卑しい仕事だって思っていることだべ」

「汚いなんて……そっそこまでは……」

ボクは狼狽した。なんでこんなに……。

「そこまでって、では、どこまでなんだべ。少なくとも本業より社会貢献活動の方が尊いって思ってるなら、心のどこかで自分の仕事を見下してるということだべ。そういった仕事を差別するあんだの仕事観が、あんだ自身を辛くしてるんでねえか。売上、利益は汚くも卑しくもない。仕事とは本来キレイで尊いもの。あんだ店長やってます。レジ打ちや棚の整理や段ボール箱をたたむことより、朝の清掃活動の方が尊いと思ってる。その差別的仕事観が、今、お店で働く人たちに影響してるんでねえべかゲロゲロ。あんだ人の上にたつリーダー。リーダーシップとは、一言でいうと『影響力』のことだっちゃ。あんだのリーダーシップは今、悪影響のリーダーシップだゲロゲロ」

腹たつな〜、この変態おやじ。

「言ってることは正しいんでしょうけど、ボクは絶対、会社に滅私奉公なんかしたくないです」

「んだから、ブラック企業的な働き方をしろと言ってるんでねえべさゲロゲロ。プライベートの時間を犠牲にしろとは言ってねえべさゲロゲロ」

「そのゲロゲロやめてくださいっ」

「わかんねえべかな〜。ゲロゲロって、何のなき声」

「カエルです」

「さっきカエルでてきて、何て言ってたんだべ」

「〝自分のことばかり考えるからそうなるんだ〟ですけどっ、なにか」

話の混乱ぶりにほとほと嫌気がさして吐き捨てるように言った。静かだったボクの心はめちゃくちゃだ。

「滅私奉公って言葉に、それだけ抵抗する、過剰反応するっちゅうのは、あんだがまだ、〝ボクの境地〟を脱していない証拠だべ。全然、底に足がついてないっちゃ」

「えっ、底についてないんですか」

「ニセ底だべ。底はまだまだ下にある。ボランティアとは、社会のために地域のために、あるいは困ってる人のために自らの意志で、心良くお金、時間、労働を差し出すこと。それは極めて自己犠牲的行為であり、朝の清掃活動が好きだというあんだは、かっこよく滅私奉公してるといえるっちゃ。チョーイケてる滅私奉公＝社会貢献活動だべ。自己を超えた何か、例えば社会や地域の人の求めている『事』に自分を捧げ『仕える』。それは世界からの問いかけに答えていく自己超越をベースにした働き方だっちゃ。それこそ『事』に『仕えている』状態であり、仕事にのぞむ姿勢の基本形となるものだぁ」

「社会や人の求める『事』に『仕える』のが仕事ですか。そう言われるなら、そう言えなくもないと思いますが……」

「それに、あんだがキレイで尊い仕事ができているのは、誰のお陰だべ」

「誰のお陰って……」

ボクは眉間にしわを寄せた。

「会社のお陰です」

嫌いな食べ物を無理矢理に口へ入れられたような気分だった。

「会社があるから社会貢献活動ができるんだべ。本業で利益をあげているから、お金を稼いでいるからキレイで尊い仕事ができるんだべ。赤字で資金繰りに汲々としてたら社会貢献どころではねえべ。つまり、無償の社会貢献活動を可能にする『お金を稼ぐ本業』の仕事もまたキレイで尊い仕事だべ。違いはない。ボランティアはキレイで金儲けは卑しいって、差別だべ。差別をしてるのは、あんだ自身だべ。あんだの仕事が泣いてるっちゃ。あ

〜かわいそ、かわいそ、あんだの仕事がかわいそだっちゃぁ」

当たってるだけに言い返せない。

「朝の社会貢献活動にやりがいを感じる。あんだの心は躍動する。なぜなら、自分を超えた存在からの問いかけに我を忘れて答える自己超越の精神がそこにあるから。事にしっかりと仕えている。滅私って言葉にアレルギーがあるならもう使わねえべ。だどもさ、私を滅するとは、我を忘れる〝無我の境地〟と同じことだっちゃ。んでも、お金が絡むと、なぜかあんだは〝ボクの境地〟に逆戻りして、ボクの価値観を前面に押し出して自分の仕事を裁こうとする。怒り憎み、決して許そうとしないっちゃ」

「ボクが仕事を憎んでる。許さない？」

「あんだの仕事は許しを請うてるっちゃ。ごめんなさい、許して。そしてその理由を知りたがってるべさ。何があったの？……ってな」

「仕事は喋りません」

ボクは苦しまぎれに言葉を吐き捨てた。

「これが自己を超えた仕事という存在からの問いかけだべ。あんだどう答える？」

どんな時でも人生にイエスと言おう

「何があったのって、店長になって部長や奴と仕事しなければならなくなって、バカにされ嫌み言われて、部下がくってかかるようになって、利益だ売上だって数字を求められて、でも結果出せなくて、店長会議でみんなの前で恥かいて、長時間労働もあるし、最後の最後はリストラ候補……」

ボクはうなだれため息をついた。

「店長になってから……そうです、店長になってから」

「店長になってどうしたんだぁ？」

「お店の数字を見られるようになって、これだけ利益あるんだったら、もっと安くしてもっと恵まれない人たちに寄付して、もっと貧しい人たちにもっと何かできることあるでしょって、売上集計してる時とか、月次決算表見たりすると、つい怒りが……」

「怒りが、なんで怒る、何が憎い」

「何が憎いって、貧しい人たちを苦しめる会社とか社会とか、おかしいでしょ。うちの社長の年収知ってますか。億単位ですよ。信じられませんよ。三千万もあればこの国で十分に豊かに暮らしていけるでしょ。なんでそんなにもらうんですか。だったら社員の給料もっとあげろって話ですよ」

「社長が憎い？」

「……いえ、起業家としてここまで急成長させた社長を尊敬してたからボクはこの会社に入ったので、社長は別に」

「何が憎い？」

「いや、だからお金で人を苦しめる人たちがいるでしょ」

「お金で人を苦しめる人が憎い？」

「だから、お金のことで弱い立場の人を追い込んでいくような」

「お金で弱い立場の人を追い込む人間が憎い？」

「そうですよ、お金が、お金が、憎い……」

そう答えた瞬間、耳の奥で甲高い金属音がして、幼い頃のある光景がボクの脳裏に浮かび上がった。

強烈な怒りを感じて体がこわばる。

小刻みに上半身が震えだす。やがて腕も手も膝も腰も震えてきた。怒りだけじゃない。

恐れも感じている。恐れだけじゃない、強い嫌悪感もだ。吐きそうになる。その場から逃げ出したい感情が押し寄せてきて、慌てて正座を崩そうとした。崩れない。立ち上がろうとした。立ち上がれない。足がしびれたから。違う。誰かがボクを羽交い締めにしているようだ。動けない。誰なんだ、誰が。

「自分自身だべ」

おじさんがいった。

「いつも誰も、正座しろなんて言ってないべ」

「でも正座してないと、ホラ失礼じゃないですか、相手の人に、正座してれば誠意を見せられるし、それに背筋が伸びて疲れないんですよ、知らないんですか……」

悔しさ怒り情けなさ、それらの入り混じった感情がこみあげてきて抑えることができない。目に涙がたまってくる。涙が落ちないように上を向いた。

「正座をしたほうがいい時もある。んでもさ、プライベートの時間、まして、仕事が終わってくつろいでいい自分の部屋で正座はいらないっちゃ」

優しい声だった。

「でもですね、正座って相手に誠意を見せられるから、やっぱやったほうが……」

ボクは涙声になる。

「あんだがどれだけ世界を憎んでも、世界はあんだを憎まない」

ボクは思い出した光景に意識が吸い取られ始める。

「許せない、許せない、絶対に許さない……」

「待て、そっちさ行ぐな」

おじさんが叫ぶ。

「お金がいるんですよ、やっぱ。お金で人は苦しむことがあるんです。それでおかしくなっちゃうことが。いろんなことがうまくいかなくなる」

ボクの意識は過去の光景に存在した。体の震えがとまらない。怒りが恐れがとまらない。

「いじめるな。くそっ、助けなくちゃ、ボクが助けなくちゃ」

「誰もいじめていないべ。もう済んだことだべ」

「助けられない。ボクは何もできない。お母さん、ごめんなさい。ボクが悪いんだ。悪いのはボクなんだ……」

「あんだの責任じゃない。何もできなかったわけじゃない。あんだがこの世界に生まれたことが、ちゃんとお母さんの救いになってるべ。過去を許してけろ。自分を許してけろ。あんだならできる」

「弱い者をいじめるな。どうして、いじめる。困った人を助けようとしない。なんで、なんで、どうして、くそっ」

「学んできたべ。人間がどれだけ人生に絶望しても、人生は決して人間に絶望しないと。どんな時にも、どんな人生にも意味があると。ほれ、今ここに戻ってきてけろ。今これからを変えれば、過去の意味も変わるっちゃ。大丈夫。過去ではねえべさ、今ここからの人生が大事だっちゃ。これからのあんだが大切だっちゃ」

過去の光景におじさんの存在が割って入る。

「ボクが悪いんだ、ボクが、ごめんなさい。何もできなかった……」

おじさんはボクの肩にのり耳元で大きな声を出した。

「**どんな時でも人生にイエスと言おう**」

この言葉を聞いた途端、ボクは今に意識が戻り目の前にあった光景が消え去った。

「ほら正座を……」

おじさんが優しくささやいた。

ボクは正座を崩した。いや、正座が崩れた。ボクは声をあげて子どものように泣いた。

おじさんの言葉「どんな時でも人生にイエスと言おう」が、頭のなかでリフレインしていた。

今日の学び

どんな人の人生にも意味はある。どんな時でも人生にイエスと言おう。

苦悩する人は、選ばれた人

見たくない光景

ボクが小学校から帰ると、お店の奥にある座敷間から怒鳴り声が聞こえてきた。黒いスーツを着た男が腕を組みあぐらをかいている。ボクの両親は正座をしてうつむいていた。ボクは反射的に洋服の掛かるラックの陰に身を隠して、様子をうかがった。

「困るんですよ。もう返済期日とっくに過ぎてるんです」

男は何度もちゃぶ台を叩く。不快な音が響き湯呑みのお茶が飛び散った。

「すみません、来月、来月まで待ってもらえないでしょうか」

男は母を指差し、声を荒らげる。

「こんな小さな商店街の時代遅れの洋服屋で、どうやってまとまったお金を用意するんです。住んでる人は減るし、シャッター通り化は進むで、他のお店も覚悟決めてるんです。何か策はあるんですか」

男はまた拳を打ち付けた。ボクは怖くなり体が震え出す。

「すみません、なんとかします。なんとか……。誰かが残ってやんないと商店街が消えちゃいます。子どもたちが大きくなってこの町を出たら、帰ってくる故郷を残したいんです。来月まで来月まで、なんとか」

母は頭を深々とさげる。男はタバコに火をつけ母に向かって煙を吐いた。

「そりゃあ理想はわかりますよ。でも、現実はキレイごとだけじゃいかないんです。お金がいるんですよ。お金が。おたくら認識が甘いんですよ、まったく」

「申し訳ございません。そこをなんとか……」

母は両手をついてちゃぶ台に頭をつけた。父はうなだれたまま動かない。男は身を乗り出しタバコを持った手を父と母に近づけ畳み掛けてくる。

「理想だけで食っていけると思ったら大間違いなんです。吹けば飛ぶようなこんな小さな店、続けてもしょうがないでしょ。もう辞めましょ、ねっ。お店も土地も手放して楽になったらどうです。お二人にはもう無理なんですよ」

男はボクの両親を侮蔑する薄笑いを顔に浮かべた。すると、母は体を震わせながら言葉を絞り出した。

「人を小バカにするのもいい加減にしてください。弱い立場の人間いじめて面白いですか。理想を捨てたらどうなるんです、理想を。この町に住む人たちが、この町が壊れておかしくなっちゃいますよ。それがあなたの仕事ですか」

目を見開き睨んだ。男は一瞬、表情が固まりそれから乗り出していた体を元に戻した。空間から言葉が消える。男は腕を組みながらタバコを口にし何度も煙を吐いた。母と父の体に煙がまとわりつく。男は灰皿でタバコをもみ消しお茶をひと口飲んで髪の毛をかきむしってから言った。

「おたくとはうちの銀行も長いつきあいですから、ここまで期日延ばしてきたんです。もう最後ですよ、来月ダメだったら、わかってますね」

「はい、すみません、来月必ず、すみません、来月必ず……」

母は頭を何度もさげて、困り果てた顔に笑みを浮かべていた。初めて見る、できれば見たくない親の醜い顔だった。

父は正座のままうつむき、最後まで何も言わなかった。情けない。

銀行員を店先で送り出し深々と頭を下げた母はそのまま道に倒れた。脳溢血だった。うなだれていた父は母に気づけず、通行人がかけよった。ボクは震えながら隠れ続けていた。何もできなかった。救急車の音が遠くから聞こえ、やがてサイレンの発する光が店内を赤く染めた。

父は担架で運ばれる母のそばで「しっかりしろ、死ぬな、死ぬなよ」と叫んでいた。ボクが見た最初で最後の父の取り乱した姿だった。

母は後遺症でしばらく車椅子の生活を余儀なくされた。今も歩く時には片足をひきずっている。

彼女の幸せ

朝、屋上にいき街を眺めた。くだらなくて愛おしい世界が目の前に広がっていた。お父さん、情けないのは今のボクも同じかな。ラジオ体操をしていると雲の隙間から太陽が顔を出した。理想を捨てたらどうなるんです、か。お母さんは強いな。父と母の幸せを空に願った。

「人生はボクに何を期待しているのだろう」

小さく呟く。昨日の不思議な感覚はおじさんが言う通り消えていた。ただ、胸の内で誰かが呼んでいるような気がした。

昨晩、バイトの子から高熱が出たので休みたいとメールがあった。今日も休めない。

電車に乗りスマホで新聞記事に目を通しているとメッセージが届いた。彼女からだ。

「少し疲れたみたい。会社から三週間ほど休養するように命令されちゃった。ちょっとメンタルやられちゃったみたい。来週、帰国するの。会える？」

命令されちゃったって、メンタルって、仕事、うまくいってたんじゃないのか。いつもポジティブな彼女だから無理してたのか。ラインのやりとりが減っていたのも、あの素っ気ない言葉も、もしかして体調が悪かったから……。

「もちろん会える」と、すぐ言葉を返した。「よかった」と彼女から。

「彼女の幸せを願っているが？」

おじさんの言葉を思い出す。以前のやりとりに目を通した。

「元気？」「元気だよ」「疲れてるんじゃない」「そんなことないよ」「仕事うまくいってるの」「うまくいってるよ。店長なんだ。ボクだってがんばってる」「それならいいけど」「大丈夫だよ」「わかった、じゃあまた」「また」

情けない。彼女はボクを心配してくれているのに、ボクが彼女を気遣う言葉はひとつもない。まさに〝ボクの境地〟だ。自分を恥じた。親指を動かし、続けざまに言葉を送った。

「体の調子よくなかったんだね。ごめん。会えるじゃなくて、会いたい」

「私も」

感謝

今日は朝の清掃活動日だ。現場に行くと、例のくってかかってくる部下がいた。どうしたんだろう。ボランティア活動は社員の自主参加が基本で、強制しないことになっている。彼女は一度も参加したことがない。ボクを見つけると向こうから声をかけてきた。困ったような恥ずかしいような顔をしていた。

「店長、昨日、ありがとうございます」

えっ。

「私、こんな性格で、親からもあまり叱られたことがなくて、昨日、店長叱ってくれたじゃないですか。それでなんか……」

話を聞くと、笑顔を作ることが苦手で、自分でもわかっているけど、お客さんの前でどうしても冷たい感じになってしまって、そんな自分が嫌いでファッションは好きなんだけど、この仕事に向いていないんじゃないかって、ずっと悩んでいて、それでついイライラしてボクにあたっていたんだという。

「すみませんでした」

頭をさげた。うそっ。彼女はすぐにイライラする冷たい嫌な性格なのではなくて、実は悩んで困っていてイラついていたのか。まさかだった。悩みごとがあったらすぐ相談するように。そう言ってきたつもりだったけど……、もっと早く言ってくれればいいのに。体から力が抜けた。


閉店業務をしていると、スーパーバイザーがフロアに現れた。

昨日とは違って難しい顔をしている。また何かあったのか。

スタッフを全員送り出し、バックヤードに行くと奴は椅子に座り貧乏ゆすりをしていた。

「相変わらず仕事が遅えな。閉店作業に時間が取られ過ぎなんだよ。うちはよ、働き方改革をリードする会社だって知ってんだろ。店長会議で、何度も聞いてるだろ。残業してもらったら困るんだよ。俺のマネジメント能力が疑われて、人事評価が下がるじゃねえか、まったく」

奴は嫌みたっぷりのため息をつくと、一枚の書類を差し出した。

「希望退職者候補リスト（2次案）」と書かれてあった。唾を飲み込み、自分の名前を確認する。

「お前の名前はねえよ。候補から外れたってよ。うまく小細工したもんだな」

「小細工？」

「うまくやったもんだよ。仕事はできねえのに、こういったことには知恵が回る」

「知恵が回るって、何のことですか」

状況が飲み込めず思わず質問すると、奴は机を叩いた。

「このゴキブリが、俺に反論すんじゃねえ」

奴の顔に怒りが露わになる。

「ゴキブリって、なんでそういう……」

「ゴキブリだからゴキブリだって言ってんだよ。未だに売上改善できないお前はゴキブリ以下だ」

その顔は、怒りから人を侮蔑する薄ら笑いの表情へ変化した。

ボクはうつむき唇を噛みしめ体を震わせた。頭の中で母の言葉がリピートし始める。

理想を捨てたらどうなるんです、理想を捨てたら……。

ボクの閉じていた唇は小刻みに動き出し、脳裏のフレーズは音を伴い外へと流れ出た。

「理想を捨てたら……」

ボクは顔をあげた。

その時、奴の頭越し、バックヤードの扉付近でランドセルを背負った子どもの姿が見えた。おびえた目つきでボクを見ている。それが誰なのか一瞬で理解できた。

子どものボクがボクに言った。

「ごめんなさい。悪いのはボクだよね。ごめんなさい」

そんなことはない。全てのことに意味があるんだ。今これからを変えれば、過去さえ変えられる。今のボクが過去のボクに言う。

「君は悪くない。もう大丈夫だよ」

「どこ見て何喋ってるんだ。お前、頭おかしくなったのか」

奴はデスクに拳を打ちつけた。不快な音が部屋に轟く。

ボクは奴を睨み一歩前に出て腹から声を出した。

「理想を捨てたらどうなるんです」

「何だてめえ、その態度は」

奴は怒声とともに立ち上がるとボクの胸ぐらをつかんだ。負けてたまるか。つま先で踏ん張り体重を前にかけてボクは言った。

「それでも店舗を統括するスーパーバイザーですか。人の心を傷つける言葉ばかり使って部下のモチベーションさげて、あなたこそリーダー失格ですよ。他の店長たちもあなたの言葉でみんな苦しんでるんです。知らないんですか。それでも、みんながんばってるじゃないですか。ボクたちはあなたの奴隷じゃないんだ」

「なんだと。お前の店だけが目標未達なんだよ。だから俺の人事評価も下がってんじゃねえか。お前のお陰で俺が……人に迷惑かけて、その態度は何だ。俺の立場はどうなるんだ、俺の」

「俺、俺って、そういうのを〝ボクの境地〟って言うんだ。どんな時にもどんな出来事にも意味はあるんだ。ボクはあなたから、心ない言葉で罵られ今日まで苦しんできた。でも、それにも意味があったんだ」

奴はボクの胸ぐらを両手でつかみ、後方にあるスチール製のロッカーに押し付けた。衝突音が耳をつんざき、後頭部と背中に痛みが走る。

「意味があるんだって、何だ、その安っぽい言葉は。お前、昨日から様子がおかしいというか、急に人が変わりやがって、意味があるとか無いとか、変な新興宗教にでも入ったのか。壺でも買ってもらいたいのか。いくらだよ。五〇万円か、一〇〇万円か」

奴は顔を斜めにして近づけてくると、片手でロッカーを何度も叩いた。

「宗教じゃない。これは人生の知恵だ。先人たちが生死をくぐり抜け遺してくれた生きる知恵だ。そうだ、ボクを変えるためにあなたが現れた。あなたから逃げるか、逃げないか。

人生はボクに問いかけた。ボクは逃げ続けていた。だから変わることができなかった。でも、ボクは逃げません。もう逃げない。弱い奴を苦しめて喜んでる人間になんか負けてたまるか」

ボクは胸をはり奴を押し返した。

「俺に逆らうな」

奴が手を離す。ボクは支えを失い前のめりになった。

その瞬間、頬に激痛が走った。

ボクは吹き飛ばされロッカーに激しく衝突しその場に倒れた。

「どうした。悔しかったら殴り返してみろよ。喧嘩もできねえのか。やっぱりお前はうちじゃ通用しねえな。俺はな部長に怒鳴られ殴られ育ってきたんだ。そんなんじゃ部長に認めてもらえねえぞ。いいのか」

ボクはロッカーに背中をつけて立ち上がり静かに言った。

「殴り返したら、あなたや部長と同類になる。ボクは、あなたや部長みたいなレベルの低い人間になんか、死んでもなりたくない。なってたまるか」

「それじゃあ昇進できねえぞ。スーパーバイザーになるのは一〇〇年後だぞ」

「スーパーバイザーなんかくそくらえだ。あなたがスーパーバイザーになってるこの会社がおかしいんだ。働くことは、誰かを幸せにすること。あなたは働きながら人を不幸にしている。ボクだけじゃない、他の店長も不幸になってる。あなたはブラック企業ならぬブラック上司ですよ」

「誰かを幸せにするだって。そんな理想論でビジネスの競争に勝てるか。競争に勝たなきゃ会社は潰れるんだよ。売上は全てを癒す。それが経営というものだ。数字から目を背けてそれでも店長か。だからお前は我が社のゴキブリなんだよ。理想を語って競争相手に勝てたら世話ねえんだ。競争に勝とうとする意志のないお前は店長失格だよ。リストラされてゴキブリみてえにコソコソと社会の底辺で生きてろ」

奴は、またボクの胸ぐらをつかむ。

「ゴキブリで結構です。ゴキブリにだって生きる権利はあるんだ。我が社の理念は何ですか。『いい服・いい生活・いい人生』ですよね。いい服をつくり、いい服を販売し、お客様にいい生活、いい人生を送ってもらう。それって自分の仕事を通して誰かを幸せにすることじゃないんですか。社訓唱和でも言ってますよね。お客様の幸せのために私たちは働いて働いて必死に働いて、って。違うんですか。あなたはスーパーバイザーなのに企業理念や社訓に反する行動をとるんですか。それでも上司ですか、リーダーですか」

奴は一瞬息を飲むと目をそらした。

ボクをつかむ手の力が弱くなった。

「企業理念とか社訓なんてのは、しょせんは理想論なんだよ。現実は……現実は理想通りにはいかねえんだよ……」

語尾が消える。何かに深く後悔しているような情けない声だった。

ボクは奴を睨んで言った。

「理想を捨てたらどうなるんです。この会社が、この会社で働く人たちがおかしくなっちゃいますよ。あなたみたいに理想を捨てて夢を見ることのできない上司がいるから、部下たちが苦しむんだ。いい加減、目を覚ましてください。なぜ、わからない。なぜ、わかろうとしない。あなたは働きがいをボクたちから奪っているんだ。自分より立場の弱い人間を苦しめて何がおもしろい。人事評価が悪いぐらいなんだ。現実が辛いことなんか、みんな一緒じゃないか。あなただけじゃない。それでもみんな残業して、休みの日に出社してきて、がんばってるんじゃないか。なぜ、人の努力や苦労を認めようとしない。残業をなくすだけの働き方改革なんていらないよ。働きがいがあるなら、働く意味を感じられるなら、人は誰かのために、誰かを幸せにしようとして、もっと喜んで働く、そうできる存在なんだ。そのことを信じられるのがリーダーじゃないんですか。あなたは人から働きがいを奪う泥棒ですよ。改革が必要なのは、あなたや部長のほうだ」

「てめえ」

奴は怒鳴り声をあげると再び拳を繰り出した。

ボクはロッカーに後頭部を打ち付け、膝から崩れ落ちた。

「俺に逆らうな、逆らうな、俺はお前の上司だぞ、上司なんだ。部長に報告するぞ」

「部長に報告って……どこまでくだらない人間なんだ」

ボクは再び立ち上がる。こんな奴に屈するか。

足がふらつきロッカーに片手をついてもたれかかった。

「お前なんか、俺が部長にかけあってリストラしてやるよ。辞めさせてやる。理想語って数字に向き合おうとしない人間なんか、この会社にはいらねえんだ」

「あなたがそうしたいなら、そうしてください。辞めるのか辞めないのか、ボクはボクの意志で自分の道を決めます」

「やっぱりお前は理想論に溺れるゴキブリだよ。人事のことを自分で決められるわけねえだろ。会社が決めるんだよ。俺の力で辞めさせてやる。ほら、これが小細工の証拠だ」

そう吐き捨てると、一通の封筒をボクに投げつけ奴はバックヤードから出ていった。激しく閉められたドアのたもとに子どもの自分が見えた。幼いボクはとても満足そうに笑っていた。痛みに耐え頬をひきつらせ笑い返すと、幼いボクは手をふりながら黄金色に輝き消えた。

拝啓
社長様、突然のお手紙を失礼いたします。ひとつご提案をしたく手紙を書きました。

私は時折、そちらの商品を購入しているものです。低価格の割に質のよい商品が多く、とても助かっています。助かっているのは、商品だけではありません。

先日、そちらの社員さんにとても助けられたのです。

実は、私の夫は長い間、再就職できずもがき苦しんでいました。家計は苦しくこの先どうなるのかと、主人も私も眠れない夜を過ごしました。

そんな折、そちらのお店でワイシャツが本当に安い値段で売られていたので、思い切って購入しました。夫は毎回、同じワイシャツを着て面接を受けに行き、その度に不採用となっていました。縁起が悪いので、新しいものを着て面接に臨んでもらいたかったのです。

最初、ワイシャツは在庫切れしていました。でも、ある社員さんが、たぶん店長さんだと思いますけど、他のお店まで走って行って取ってきてくれたのです。

とても感動しました。とても胸をうたれました。

家に帰りワイシャツを見せて会話をしていると、しばらく笑ってなかった夫は、半年ぶりに笑顔を見せてくれました。私たち夫婦は大事なことを思い出すことができたのです。そして驚かないでくださいね。そのワイシャツを着て面接を受けた夫は、見事に再就職を果たすことができたのです。しかも名のある大企業にです。

新聞でリストラがあると知りました。リストラはしないほうがいいです。私たちと同じ思いをする人や家族を増やさないでください。

でも、経営のことは私にはよくわかりません。もしリストラをするのなら、ぜひ、あの社員さんはしないでください。あんないい人めったにいないと思います。ちょっと、ぼーっとした感じの人でしたけど、鍛えればきっと伸びると思います。これは主婦の勘です。

もしリストラしたら、私が許しません。

敬具

笑門来福より

この世界のどこかに見てくれている人がいる。待っている人がいる。
だから今、できることが必ずある。
そのできることを無我夢中でやっていけば、人生は意味で満たされる。
どんな出来事にも、どんな時にも、人生に意味がある。
なんでこうもおじさんの言う通りなんだ。なんでこうも……。
涙が手紙にこぼれて文字が滲んだ。ありがとうございます。
ありがとうございます。肩を震わせながら手紙の主に深々と頭をさげた。
ふと腕時計が目に入る。今日で七日目。家に着く頃には十一時を過ぎる。
痛みをこらえて涙をぬぐい、店を出た。

ホモ・パティエンス

「ただいま」
「遅かったべな～バカたれ君」
おじさんはローテーブルの上に寝っころがり、笹かまをほおばりながらテレビを観ていた。

　こちらを振り向きもしない。

「笑えるこの芸人、いいべいいべ、いいギャグもってるっちゃ。それ、いただき。今度、使おうっと」

　ボクは気になっていたことを思い切って訊いた。

「最初会った時、七日間コースって言ってましたよね。今日で七日目ですけど、もしかして、もう終わりですか？」

「んだ。何か訊きたいことあるべか。残り一時間切ったべ」

「今日ちょっと会社でいろいろあって。なんか思い切ってやっちゃったというか、言っちゃったというか、まあ後悔はなくて、それに部下のこととか、彼女のこととか誤解してたみたいで、なんていうのか、人生、いい方向に動き出したなって思って……それにちょっと不思議なこともあって、なんか昔のボクが見えたようで」

「それはよかったべ」

「これっておじさんが魔法でも使ってくれたのかなって」

「魔法か。今日はなんも使ってねえど……んでも、前使ったべ。それでこう」

　振り向いたおじさんの顔は、目の上のあたりが青く腫れあがっていた。

おじさんはボクを指差した。

「あらまあ、あんだもずいぶんとやられたね〜。こいづは、めでたいっちゃ」

ボクが奴と喧嘩したことを知っていながら知らない振りする、わざとらしい言い方だった。

「全然、めでたくありませんよ、それより、レベル5のおじさんが、どうしたんですか」

「オラ、カッとなって三人家族の部屋にあんだを連れていったべ。あれが族長にバレておしおき。一発いいのくらったべさ。族長めっちゃ怖いのよ」

「その傷見ると、かなりの手練《てだ》れですね」

「動物に化けるとか変身魔法はいいんだども、族長の許可なく時空間移動魔法は使っちゃならねえんだぁ。次元を歪めると他に影響が出っからな。魔法を使うのは、オラが下手くそな証拠だっちゃ。熟練すればするほど魔法なんて逆にいらなくなる。魔法で解決してすぐ楽になったら何の意味もねえべ。悩んで苦しみ、苦しみ悩む。苦悩に耐え、そしてつかみとる教訓が最高の知恵だべ。あんだは今日、奴と喧嘩して痛みを覚え『生きる知恵』をつかんだべ。んだから、おめでとうだっちゃ」

やっぱ、知ってたのか。

「おめでとうって言われても、無我夢中で、あんまり覚えていなくて……」

おじさんは満足そうに笑った。

「無我夢中。いいべいいべ、好きだべなぁその言葉。無我夢中になって痛い思いをして、そうして自分の力で手にした『生きる知恵』があれば、あんだはこれからの人生さ、たくましく生きていけるっちゃ。鼻毛を抜くには痛みがともなう。痛みを避けていたら鼻毛は抜けない。それと一緒。痛っ」

おじさんは顔をしかめ、抜いた鼻毛をボクに見せた。

「なんか微妙に違うような」

「痛みのない他人から与えられた答えなんて鼻くそみたいなものだべ。悩み苦しむことに深い意味があるんだぁ。だから、悩むことから逃げない。これがオラの流儀だっちゃ」

「悩むことに意味があるんですか。でも、苦しいのは、ちょっと……」

「**ホモ・パティエンス**って聞いたことあるが?」

「ホモ・サピエンスならありますけど……」

「ホモ・サピエンスのホモは『ヒト』のことで、『サピエンス』は、『知恵』を意味する。つまり、ヒト族の本質は、『知恵のある賢い人』ってことだべ。ホモ・ファーベルといった学者もいたべ。『ファーベル』は『作る』だから、『道具を作り出す』ことに、人を人たらしめている特徴をみたっちゃ。ホモ・ルーデンスなんてのもあったべ。ルーデンスは『遊ぶ』。人間ってのは本来、自由に遊ぶ存在で、遊ぶことで文化を生み出してきた。遊びに人間らしさがあると考えたっちゃ」

「そんなに、ホモなんとかってあるんですか。どれも人間の特徴といえば特徴のような……」

「それと同じように考えて、人間らしさを『苦悩』にみることもできるべ。他の生き物はヒト族のように悩まない。ヤマアラシもムカデもカエルも、現実世界では悩まない。本能に従って生きるだけ。生きる意味があるとか無いとか、そんな高等な問いを自分に向けて苦しむのはこの地球上で人間だけだっちゃ。オラはそこに人間の本質をみる。だからホモ・パティエンスだっちゃ」

「そのパティエンスって、あの呪文のパティエンスですか」

「んだ。『パティエンス』は、苦悩に耐えること。人間は苦悩し耐える存在だべ」

「人間の本質が苦悩して耐えるって、なんだか暗くて重い話ですね」

「バカたれ、しみったれ、暗くて結構、重くて最高。苦悩するから人は成長していくんだべ。この七日間、あんだは悩んで苦しんで涙流して顔に傷つくって、成長してきたべ。美人先生に夢さ打ち砕かれた六日前のあんだで、今日奴と喧嘩できたが？」

「そう言われますと……まあ、無理だったと……」

ボクは苦笑いをした。

「苦悩に耐えれば耐えた分、それは人間の業績となる。んだから、悩むことを否定するのではなく、悩むことを意味あることだととらえる。意味豊かに悩み苦しみ抜くことが大切であり、悩むこと自体が尊い人間の業績と考える。そうすっとさ、悩んでいる時でも、今の苦しみにも意味があると思えて少しは楽になれるべ。これが生きる知恵だっちゃ」

「悩むことが人間の業績ですか。ボク、店長になってからうじうじとずいぶん悩んできましたけど、それにも意味がありボクなりの業績だとするなら、悩みがいもあったかなって思います」

「あんだは店長になり、急にうまくいかなくなった。それが人生からの問いかけだった。この七日間、その問いから逃げることなく無我夢中になって答えていくことで、人生を意味あるものにしてきた。**生きるとは人生の問いに答えていくこと。その問いに答える責任が人間にはあるんだ**ぁ」

「ちょっと待ってください。責任って、なんでまた急に責任なんて出てくるんですか。答えるかどうかは、人の自主性に任せられているとか、自由があるとかいったほうが、受け入れやすいです。責任なんて言われると息苦しくなります」

「イングリッシュで、責任は？」

「なんです急に、確かレスポンシビリティ（responsibility）ですけど……」

「この単語は、response（答える）とability（能力）に分解できるべ。つまり、人生からの問いかけに自分の能力で答えていくことが、責任を果たすということだべ」

「なるほどって言いたいんですが、こじつけっぽいというか、責任はやっぱ窮屈な感じがします」

「んでは、逆から考えてみるべ。人生の問いに答えることを放棄する、つまり、生きる責任を放棄した人間はどうなるべ？」

ボクは反応するのに時間がかかった。その答えが、おじさんに出会う前の自分と重なるように感じたから。

「……自堕落に生きたり、やけになったり、時には死を選んだりすることもあります」

「それで、あんだはいいのが。生きる責任を放棄した人間がこの世界にあふれる。そんな不幸な世界でいいのが？」

「よくないです。よくないですけど……」

唯一性と一回性

「まだ抵抗するか。んでは、こんな説明はどうだべ。なぜ、生きる責任がヒト族にはあるのか。その根拠は二つある。それは**『唯一性』**と**『一回性』**だっちゃ」

「唯一性と一回性？」

「唯一性とは、人がこの世界にたったひとりしかいない尊い存在であるということ。世界のどこを探しても、宇宙の果てまでいっても、あんだと同じ存在を探しだすことはできねえっちゃ。あんだはあんだ、決して他の誰でもねえし、他の誰かになることもできねえ。この宇宙にたったひとりしかいない尊い存在だっちゃ。これが人間の唯一性」

「まあ確かにそうですけど……」

「一回性は、人生がたったの一度しかないこと。人生は一度きり。泣いてもわめいても、神様にどれだけお願いしても一回しかない。どんな人間も生まれれば必ず死を迎え人生を終える。人生で行う全てのことは一回だけの行い。ぐるぐる同じような毎日が繰り返されたとしても、その日々ですること、それらのどれもが決して繰り返すことのできない一回きりのこと」

「まあ、そうですが……」

「世界にたったひとりしか存在しない人が、たった一度だけの人生を生きる。そのことをしみじみと深く考えてみる。どうだべ、何か感じないが？」

「そう改めて言われると、どんな人の人生も価値があるといいますか、尊いといいますか、意味があるように感じます」

おじさんは深くうなずく。

「だべ。んだから、オラは思うべさ。人生に深い意味があるとするならば、人生を生き抜くことは人間の使命なのだと。『使命』という漢字を『仕事』の時みたいに分解して文にしてみてけろ」

「それ知ってます。『命を使う』です」

「だべ。命を使ってなすべき事。それが使命だっちゃ。〝べき〟だから、責任があるということだっちゃ。人には生き抜く責任があるんだぁ。んだから、人生を投げだしてはいけねえ。命を粗末にしてはいけねえ。ここまでの話を式にすると、こんな感じだっちゃ」


（人間の唯一性）×（人生の一回性）＝生きる意味↓使命↓責任

「自分の命だからそれをどう扱おうが勝手だ自由だ。そったただ考えをオラは認めねえ。それはダークサイドからの甘いささやきだっちゃ。生きる責任を破壊して、この世界を危うくしようとする連中の言葉に耳を傾けてはいけねえべさ」

おじさんは、これまで見せたことのない真剣な表情で言った。

人生を生き抜く責任

「生き抜くことが使命であり、使命だから責任がある、か……。でも、何か違和感があるのは、おじさんが自由ということも、これまで口にしてきたからです。人生における自由と責任をどう頭の中で整理したらいいのでしょう」

「オラが言った『自由』は、生きることを前提として、自分の人生において、どんな態度をとるのか、その〝態度選択の自由〟があるということだべ。『責任』は、人生を全うすること、どんなに辛い状況にあっても自ら命を投げ出さないこと、つまり人生を生き抜く『責任』があるということだべ」

「人生を生き抜くことには責任があり、その責任の範囲内でどのような態度をとるのか、そこに自由があるということですね」

「んでもさ、自由だ責任だ意味だとか、唯一性だ一回性だとか、そんなん知らんで幸せならば、それはそれでいいべさ」

ボクは思わぬ言葉に拍子抜けした。

「なんですまた急に、それじゃあ、ボクが悩んできたことが無意味になりますよ」

「違うべさ。ここは誤解されやすいとこだから、耳毛抜いてよく聞いてけろ」

「抜くほどの耳毛、ないですけど……」

「あんだはさ、生きる意味を問う人間として運命から選ばれてしまったんだべ。そうした使命を背負った人なんだぁ」

「ボクが選ばれた人？」

「んだ。苦悩する人というのはさ、日本代表みたいにさ選ばれた人なんだぁ。そう考えれば、深く悩み苦しんだことにも意味を感じられるべ。選ばれた人だから苦悩に向き合い乗り越える責任がある。そこでつかみとった『生きる知恵』を後世に伝えていく責任がある」

「なんか重い責任ですね」

「一方でさ、生きる意味があるとか無いとか、うだうだ悩まない人がいるべ。〝生きる知恵〟なんて小難しいこと知らんでも、仕事に無我夢中になりプライベートを楽しみ、あるがまま自然体で人生をハッピーに送る。そんな〝市井《しせい》の人〟がいるべさ。それはそれでOKだべ。〝無知なる賢者〟なんて言えばいいべかな。無知なる賢者は、無知ゆえに賢く、そのまま無知がいい」

「無知がいいって、無知で幸せになれるなら、そっちのほうがいいです」

「オラがあんだに強く言いたいことはさ、深く悩んだ経験があるからと、悩んで手にした知恵があるからと、誰かと比べて自分が人間としてワンランク上だみたいな鼻持ちならない考えを持つなということだっちゃ。知識の習得は、時に、人を傲慢にする」

「傲慢ですか？」

「ヒト族は基本的にレベル1だども、地球にはレベル2に近い存在の人たちがいるべ。厳しい修行をして何らかの高い境地に達した人たちだぁ。高僧とかヨガのマスターとか。その人たちが共通して言うのは、修行を終えたら普通の生活に戻るということ、その大切さだべ」

「普通でいいってことですか。それだと向上することを否定しているみたいで、抵抗感があります」

「悟りの前、木を切り水を運んでいた。悟りの後、木を切り水を運んでいた」

「何ですそれ」

「悟りを開く前と後で、生活は何ら変わらないということ。あんだの国、ジャパンは知恵の宝庫だべなぁ。オラも勉強になる。悟るとはこの世界の真理に気づき心境が変化することだべ。高い境地に達して急に生活が変わったら、それは偽物の境地だべ。普通の生活、普通の自分を受け入れる。それで人生を謳歌できるならそれが最高だっちゃ」

「でも、普通を認めてしまったら人間が堕落しませんか。成長意欲がないというか、現状維持は後退だっていいます」

「平凡は奇跡。平凡であること、普通でも良いと認め合える世界であること。そのためには、多くの人たちの人間性が高いレベルに達することが必要だべ。現状維持どころか成長への高い意識・意欲が必要になるっちゃ。数少ない欲にまみれた能力の高い人たちが勝者として君臨し、その他を支配するようなレベルの低い世界をあんだは望むのか。それにさ、何事もなく過ぎていく平凡な日々を奇跡だと思い、そんな日々に幸せを感じられるようになれれば、特別な人間になって特別な生活をしようとあくせく苦しむこともないべさ」

ボクは目を瞑りしばらく考えてから言った。

「平凡は奇跡、ですか。なんだか新鮮な響きのする言葉です」

「んでは、小さいおじさん劇団の千秋楽だべな。これで最後、『生臭坊主の逆説』の、はじまりはじまり」

おじさんは消え、煙とともに袈裟を着た小さな二人のお坊さんが現れた。ひとりは、白髪頭の恰幅のよい老人でとっくり片手にお酒を飲んでいる。ひとりは、実直そうな痩せた坊主頭の若き僧侶だ。

生臭坊主の逆説

老師、なぜ厳しい修行に打ち込まないのです。
民衆と酒を飲み交わし、楽ばかりしています。
我が弟子よ、では聞くが、厳しい修行をして、どうするのじゃ。
師よ、修行をすれば自分を律することができるようになります。
我が弟子よ、自分を律することができて、どうするのじゃ。
師よ、自分を律することができれば、戒律を守れるようになります。
我が弟子よ、戒律を守れるようになって、どうするのじゃ。
師よ、戒律を守ることができれば、悟りを開けます。
我が弟子よ、悟りを開いて、どうするのじゃ。

師よ、悟りを開けば、欲を滅し、何ものにもとらわれなくなります。

我が弟子よ、欲を滅し、何ものにもとらわれなくなって、どうするのじゃ。

師よ、この世の叡智を知り常に心穏やかな人間になれます。

我が弟子よ、この世の叡智を知り心穏やかな人間になって、どうするのじゃ。

師よ、民衆とともに生き、人生を謳歌できます。

我が弟子よ、それがワシじゃ。

悟りなんぞ忘れて、お主も今すぐ民衆とともに生き、人生を謳歌せい。

チャンチャン♪


「どうだべどうだべ、いい演技だったべ。アカデミー賞いけるべ。今から受賞スピーチ考えとかないといかんべなぁ」

おじさんは白衣をはためかせてフワフワと浮いている。

「アカデミー賞でもグラミー賞でも、どうぞどうぞ」

ボクは頬をゆるませ投げやりに答えた。

「我が弟子よ、では聞くが、『生臭坊主の逆説』の教訓は何だべ」

「悟りを得ようと悟りにとらわれていると、むしろ悟りから遠ざかっていく。高尚な知識に頼っていては、悟りはおぼつかない。悟った人は、何ものにもとらわれず普通でいられる。普通であること、普通の生活をもっと尊いこととして受け入れる。特別な人間になろうとするな。賢《さか》しらに高邁な知識を振りかざすな。そうすれば人生を謳歌できる」

「あんだは、向上心があり深く考える癖がある。本を読み、セミナーに積極的に参加し、強い成長意欲をもっている。素晴らしいことだっちゃ。んでもさ、心のどこかで特別な存在になろうとしている節があるっちゃ。それも若者の向上心でまあいいとするべさ。ただ、あんだが問題なのは、特別な存在にならなければ人生は失敗だと考えていることだっちゃ。その思考パターンがあんだの人生を息苦しくしてきたんだべ。なぜ？」

「特別な存在になろうとするのは、自分の欲を中心とした自己実現欲求だからです」

「自分の夢を叶えることも、目標を掲げてそれを追いかけていくこともＯＫ。情熱をもてる何かがあるなら世界レベルを目指してガンガンいけばいいっちゃ。だども、オラはあんだが好きな〝成功の法則〟を教えてきたんでねえからな。そこをしっかり確認してけろ。オラが伝えてきたことは、あんだが、どんな時でも、たとえ逆境に放り込まれても心折れることなく人生を送る、そのための『生きる知恵』を伝えてきたつもりだぁ。ところで、あんだがこだわってきた自己実現だどもさ、本当に自己実現した人たちに共通する性格があるのを知ってるが？」

「えっ、そんなのあるんですか」

「それは、自分の問題に関心が集中するのでなく、自分の外、つまり他人や会社や社会にある課題に没頭し自分自身を忘れるという性格的傾向だっちゃ。つまり、自己中心ではなく、問題中心、課題中心に生きているということ。これを〝**自己実現的性格**〟なんていうっちゃ」

「それは、おじさんが言ってきた自己超越に近い考え方ですね」

「んだ。それにさ、自己実現というのは、アイドルになりたい子がアイドルになったとか、起業を目指していた若者が起業できたとか、自分の夢を叶えることだけが自己実現ではないっちゃ」

「違うんですか?」

自己形成の秘密

「生まれ持っている潜在的な自己の力をこの世界で発揮し**『最善の自己』**になること。これが本来の自己実現の意味だっちゃ。『最善の自己』という考え方がポイント。んだから、自己実現欲求というのはさ、人間が人間としての最善の姿、その完成を目指す欲求のことなんだぁ。夢の実現は、自己実現のプロセスで生まれるひとつの結果に過ぎないっちゃ」

「仕事の完成より人間の完成、ですね」

「んだ。誰かと比べて上か下かではなく、もし、自分のもつ『最善の自己』を実現できたら、それが世界一、宇宙一だということだっちゃ。んでさ、その『最善の自己』を形作るポイントが、自分中心にならないこと。他人であったり会社であったり社会であったり自然であったりこの世界であったり宇宙であったり、自己を超越した存在を中心にして物事を考え、我を忘れて行動していくことだぁ。自分を忘れれば忘れるほど、『最善の自己』が実現されていく。これを〝**自己形成の秘密**〟というんだぁ」

「自己形成の秘密、ですか……」

「もし、与えられた仕事が目の前にあるならば、それがどのようなものであっても、まず、一所懸命、無我夢中でやってみるべ。『なんでボクが』『なぜ私が』と、自分のことを自分に問う時間はほどほどにして、過度の自己反省はやめて、それが宿命だと思って我を忘れて打ち込んでみるべ。〝なぜ無き世界〟を生きてみてけろ。すっとさ、不安や虚しさは消え去り、『最善の自己』が形作られていくっちゃ。これこそが、真の自己実現といわれるものであり、人間としての成長だべ」

「〝なぜ無き世界を生きる〟ですか。確かに、ボクは店長になってから、なぜボクが、どうしてボクがって自己中心に物事を考え、自分の仕事や人生に疑問を投げかけ続けてきた。それで元気がなくなり、仕事に打ち込めなかったし結果もともなわなかった。どんどん不運の逆スパイラルに巻き込まれ、抜け出すことができなかった」

我を無くせば夢は手中に

「あんだ今日、奴と喧嘩してた時にさ、『そういうのを〝ボクの境地〟って言うんだ』って怒ってたべ。それって、昨日までのあんだだべ。あんだは奴の中に自分自身を見たんだぁ」

「俺、俺って、自分にこだわる人間の醜さを目の当たりにしました」

「それに対して、あんだはさ、自分のことだけでなく、他の店長のことも考えて、『みんな』って言ってたべ。覚えているが?」

「いえ……必死だったので、よく覚えていません」

「オラはあの言葉を聞いて安心したべ。『ボクのため』から『みんなのため』へ、そう心の視野が拡大していく。自己を超越していく。これも、人としての成長だっちゃ。あんだが、あれだけ強くなれたのって、自分だけでなく他の店長も苦しんでいて、『みんなのために』って思えたからでねえか。みんなのことを考え、みんなのために行動する。それがリーダーのマインド・セットだべ」

「そう言われてみると確かにそうです。他の店長もかなりひどいことを奴から言われていて、苦しんでいるのを知ってたので許せなかったんです。『みんなのため』か。人って『みんなのために』って思った方が強くなれるんですね。少しだけかもしれないですけれど自分が成長して、それで現実に変化があったような」

「魔法を使ったのはオラじゃない。あんだ自身だべ」

「魔法を、ボクが……?」

「んだ。無我夢中という魔法を使ったんだべ。『無我夢中』を分解するならば、『我を無くせば夢は手中に』となる。この七日間での決定的瞬間は、ワイシャツを買ったお母さんのために必死になった時だぁ。ワイシャツよこせの瞬間。あの時も自分のためではなかったべ。無我だった。あの瞬間がなければあんだは今頃……」

「そうなんです。あのお母さんが、実は社長に手紙を書いてくれて、それでボク、リストラ候補から外れまして、そのこともおじさんに言おうと思って」

「わかってる。言わなくていいっちゃ。もう時間もない」

「そんな、まだ聞きたいことが」

人生のミッション

「大事なことは、あんだが無我夢中になれたこと。そこから変化が始まった。今日奴とやりあった時も無我夢中だった。なんでそうなれたのか。その問いに耳を澄まし無我夢中を忘れなければ、あんだはこれからもっと強くなれるっちゃ」

「なんでそうなったのかって、あのお母さんの時も、他の店長たちのこともそうで、困った人を見ると助けたいって強く思うんです」

「誰が困ってる?」

「誰って、お客様や他の店の店長たちが……」

「でなくてさ、今、誰が困ってるのさ、誰をほんとは助けたいの。誰があんだのことを未来で待ってる?」

「今は……だから、ボクはアジアの子どもたちに教育プログラムを……」

自信なげにボソボソと言った。

「でなくて……」

おじさんがボクを見つめている。

「ボクは、ボクは……」

目に涙があふれてくる。

「ボクは？」

おじさんが優しく厳しい声で「人生が期待していること」へと促す。ボクは声をはった。

「親の洋服店を継ぐこと。これが人生からの問いかけに対するボクの本当の答えじゃないかって。ずっとあんなダサいお店、嫌いでずっと否定していました。でも、普通って実はもっと尊いことなんじゃないかって思えて。おじさん言いましたよね、〝平凡は奇跡〟だって。だからほんとは、ほんとは……」

その先は言葉にならなかった。

「やっと言ったべさ。時間ギリギリ、はい、オラの仕事、これで完了。だべ、それが、あんだにとっての〝人生から期待されていること〟だっちゃ。あんだを待っている人のためにあんだができること。おめでとうございま〜す」

おじさんがクラッカーを鳴らすと、いつの間にか天井にくす玉があり、それが割れて紙吹雪が舞った。くす玉から伸びる垂れ幕には、「けだもの万歳」と書かれてあった。

お別れ

「くだらない、おじさん、くだらないですよ。くす玉って古い。田舎の商店街じゃないんですから。それにけだもの万歳って……」

ボクは泣きながら笑った。

「んだから言ったべ、この世界はくだらないんだって、だから、愛おしくて生きる価値があるんだって。ほれ、涙ふいて、無事にゴールしたので優勝賞品はこちら」

おじさんは、カバンの中から木の実を取り出しボクに差し出した。

「優勝賞品って木の実ですか？」

「〝忘れなの実〟だっちゃ。これを食べてもらわないと、オラは族長にまた殴られる。いや、神様から存在を消されるっちゃ」

「なんです、忘れなの……」

「これを食べれば、めでたく、あんだの記憶からオラの存在が消えるっちゃ。この七日間

の出来事でつかみとった〝生きる知恵〟は残るんだども、オラが存在した記憶は消滅するっちゃ。明日、朝目覚めると、きれいさっぱりと、それはもう爽やかな目覚めだっちゃ」
「何でですか、ボク、誰にも言いませんよ。誰に聞かれても絶対、言いません」
「言う言わないの問題ではないべさ。大事なことは依存しないこと、あんだが自分自身の力で人生を切り開いた、その力が自分にあると信じること。でねえと何十万もする怪しいＤＶＤ買うはめになるど。ほれ、もう残り三分だべ。味は甘くておいしいど」

「そんな、三分って言われても……」

ボクは時計を見て、おじさんの顔を見て、また時計を見て、おじさんの顔を見た。

「もうあんだは、大丈夫。オラはいらない」

おじさんは笑い、親指を立てたグッドの拳をボクに向けた。

「はっ……はい……」

泣きながら返事をして、ボクは木の実を口に放り込んだ。

「ありがとさん。あんだ、いい人だった。楽しい七日間だった。これからもがんばってけろ」

「何言ってるんです。礼を言うのはボクのほうです。ありがとうございます。本当にありがとうございます。あれ、まだ、言おうと思ったことがあったんだけどな」

おじさんの姿がだんだんと薄くなっている。おまけに涙でぼやけていく。

「あの部下は実はけっこういい子で、困ってただけで……」

「わかってるべさ」

「あのワイシャツの家族のお父さん、就職先、決まったそうです」

「わかってるっちゃ」

「それと、ごめんなさい。嘘ついていました。夢の中でシーツを取ってくれたの、たぶんボクのお父さんだって、最初からわかってました」

涙声になってうまく喋れなくなる。

「わかってるべ」

「お父さんのこと、なんか許せるというか、情けないのはボクのほうで……、今度、ボクから謝ろうかなって」

「わかってるっちゃ」

「とにかく、たくさん学んで、生きる知恵、たくさんもらいました」

「何を学んだ?」

涙を腕でぬぐって鼻水すすって答えた。

「全ての人の人生に意味があること。どんなに辛い時でも人生は意味で満たせること。『創造価値』『体験価値』『態度価値』があること。人生に意味があるのか無いのかと問うことはない。人間は人生から問われている存在であり、その問いに無我夢中になって答えていけばいいこと。自分のことばかり考えない、ふりかえらない。反省はほどほどに。自分を超えた存在からの声に耳を澄ます。『人生に何を期待できるか』ではなく、『人生から何を期待されているか』を考える。未来で待っている人がいる。未来で待っている何かがある。その人やその何かのために今できることが必ずある。人間がどれだけ人生に絶望しても、決して人生は人間に絶望しない。この世界は意味で満ちあふれている、くだらなくて愛おしい世界だ。だから、どんな時でも人生にイエスと言おう」

おじさんが言った。

「はい、ご一緒に」

ボクは鼻水垂らしたまま声をはった。

「セイ・イエス」

おじさんは、腰をひん曲げ両手をピストルの形にしてぷるぷる震えている。そのおかしな姿を見て、つい言ってしまった。

「おじさん」

「……」

「この木の実、まずっ」

「だべ。ほいじゃさ〜」

おじさんはニカッと笑うと、鋭い閃光を発して消えた。

静寂が部屋を包み込んだ。ボクは屋上へ向かった。月は見えなかった。手すりに両腕をかけて街を眺めた。二四時を過ぎても街は光り輝いていた。オフィスビルに働く人の姿があった。マンションの一室の半開きになっているカーテンの隙間から家族の姿が見えた。

様々な人の様々な人生がそこにあった。

意味がそこに満ちあふれていた。

ボクは「みんなのために生きよう」と思った。

星が瞬き、新しい風が吹いていた。

今日の学び

みんなのために生きる。

無我夢中になれ。我を無くせば夢は手中に。

三年後

朝の呪文

「あなた遅刻するわよ、今日、商店街青年会の会議で大事なスポンサーさんと打ち合わせでしょ」

「わかってるって、大事な大事な会議だからな……そういえばお父さん、店番頼むよ」

「…………」

「相変わらず無口だな。で、例のイベント会社への連絡、大丈夫かな。商店街初のプロジェクション・マッピングだからな」

「あなた、なめないでよ。日本、海外で働いてきた、私の人脈を」

「そうだよな、ボクより給料高くて、優秀だったしな」

「ほら、そうやってすぐネガティブになる。でも、何であんな大企業が急に協賛金出してくれることになったのかしら」

「さあ、なんか向こうの担当の部長が昔、ボクに世話になったことがあるって言うんだけど、あんな大企業に知り合いなんていないないし、記憶に無いんだよね……」

「あっ、お味噌汁こぼしたわ」

「何やってんだ、バカたれ」

「パパ、きらい」

「バカたれって、子どもに言うのやめて。いつも言ってるでしょ。まったく。バカたれって、どこの言葉、どこで覚えてきたのよ」

「どこって、いつだったかな、前の会社で店長になって半年ぐらい辛い時期があってさ、急に自分が変わったなって時があって……」

「とにかくやめて、くだらない」

「くだらないんだよこの世界は、くだらないから愛おしい」

「もうそれ耳タコ、何のありがたみもない」

「はいはい、ふたりとも、そのぐらいにして、朝ごはんの時ぐらい夫婦喧嘩は」

「だってお義母さん……あっ、そうだ、お義母さん今日、病院の日ですよね。私、車で送っていけますので」

「ありがと。いつも、ごめんね。助かります」

「あっ遅刻する、行ってくるぞ」

「あなた、味噌汁残さないでよ。もう、笹かまだけは絶対に残さない。まったく」

「それでは皆さん、今日も朝の呪文をご唱和願います。せーの」

「セイ・イエス」

「よし、気合入ったぜ」

「お義母さん、この謎のご唱和儀式って、小さい頃からやってたんですか」

「あの子がこの家に帰ってきてから、みんなでやろうって、なんかあの子変わったわ」

「全てのことには意味がある。なんてね。それじゃ、行ってきま～す」

「あなた、ほら、イベントの資料、忘れてるって……」


あれがあん時の彼女っこかぁ。グフッ、グフッグフッ……。

おわり

解説

フランクルとソクラテス的対話

対話を通じて人生の真理に近づく

明治大学文学部教授　諸富祥彦

本書『君が生きる意味』は、オーストリアの精神医学者にして神経科医であるヴィクトール・エミール・フランクル（Frankl,V.E. 1905-97）の基本的な思想と、フランクルが開発した独自の心理療法であるロゴセラピーの考えに基づいて書かれたものです。

本書を読み進めるうちに、読者の方は、立ち止まって自分自身のことを「これでいいのかな」と見つめたり、人生の本質についてあれこれと思いをめぐらせたりすることでしょう。それが、著者の方が意図したことなのだろうと思います。

フランクル自身、ロゴセラピーは「ソクラテス的対話」「ソクラテス的産婆術」であると語っています。これは、人生についての問答をおこなううちに、対話相手がハッと気づいて、知らず知らずのうちに、人生の真理に近づいていくことを意図したものです。

本書の著書が、心理学書や思想解説本の形をとらずに、小説形式で本書を書かれたのも、この効果をねらってのものでしょう。

つまり本書は、フランクルやロゴセラピーについての解説本ではなくて、ロゴセラピーの実践の書です。

本書に書かれた仮想的なロゴセラピーの問答を読み進めるにしたがって、読者は知らず知らずのうちにおのずと、自分のことを振り返り、人生の真理について思いをめぐらせていくわけです。

そうした読者自身の自己内省や思索を刺激し、活性化する。それを目指したものであり、これは、正しくロゴセラピーの精神にかなったものと言えるでしょう。

フランクルとはどんな人か

ヴィクトール・エミール・フランクルには、大きく言って、二つの側面があります。

一つは、**「生きる意味」を発見する心理療法の創始者としての顔**です。ロゴセラピーという独自の心理療法によって、生きる意味を実感できず、毎日を空虚だとしか思えなくなった現代人に対して、一人ひとりが自分の人生の意味を発見するのを援助していきます。

ロゴセラピーの主たる対象は、顕在的ないし潜在的に**「実存的空虚（das existential Vakuum）」**の状態にある人です。

私たち現代人の多くは、慢性の軽うつ状態にあると思われます。

健康面や社会生活の面で大きな問題を抱えていなくとも、「自分の人生はこれでいいのだ、とは思えない」という不確かさの感覚、「このまま生きていって、果たして私は、自分の人生に与えられた意味や使命をまっとうできたと言えるようになるのだろうか」という不全感を抱えて生きています。

ヴィクトール・E・フランクル

こうした**実存的な空虚感を抱えた人が、自己を内省し、生きる意味の発見に至るのを援助するのが、ロゴセラピー**です。

フランクルは二十代の折に、抑うつ状態の若者のための「青少年相談所」を自ら設立し、学生や失業者の相談活動に精力的に取り組みました。この体験もロゴセラピーの形成に大きな影響を与えています。

もう一つの側面が、**作家としての側面、世界的に有名な著作である『夜と霧』の著者としての顔**です。

フランクルは、第二次世界大戦時にナチスによってユダヤ人を大量虐殺した悪名高き強制収容所に、ユダヤ人であったために捕虜として収容された、その自分自身のなまなましい体験を綴った名著『夜と霧』（みすず書房、原題は『ある心理学者の強制収容所体験』）の著者として、つとに知られています。

本書の読者の中にも、青年時代のあるときに、あるいは、いろいろなことがうまくいかなくて人生を放棄したくなった中高年のあるときに、『夜と霧』を手に取った、という方は少なくないでしょう。

実際、『夜と霧』は、世界各国で読み継がれている古典的な著作です。わずか九日で書かれたこの本は、そこに記された数々の陰惨な事実にもかかわらず、ある種のさわやかな読後感すら、与えてくれます。

それは、この著作におけるフランクルのまなざしが、強制収容所の生き地獄の中でなお希望を失わずに生きようとする人々の姿と、それを支える人間精神の気高さとに注がれているからでしょう。

アメリカの若者に熱狂的に支持されたこの本は、１９９１年11月2日付のニューヨークタイムズによれば、アメリカの議会図書館と「今月の本クラブ」会員が選んだ「もっとも影響力のある本」ベスト10に入っています。心理学、精神医学関係では唯一のランクインです。

実はフランクル自身にとっては、最も重要な著作は、デビュー作である別の本でした。収容所に入れられる前にロゴセラピーの体系を一冊の著作としてまとめていたフランクルは、その原稿をコートの裏地に縫い合わせ、何とか奪い取られまいと抵抗しましたが奪い取られてしまいます。

しかしフランクルはあきらめきれず、収容所の中で発疹チフスの高熱にうなされながらも、誕生日プレゼントにもらった小さな紙片に、速記用の記号を綴りながら原稿の再生にとりくみました。その著書は、解放後間もない1946年に『医師による魂の配慮―ロゴセラピーと実存分析の基礎づけ』（*Ärztliche Seelsorge:Grundlagen der Logotherapie und Existenzanalyse*）として刊行されています（邦訳『死と愛』『人間とは何か　実存的精神療法』）。

人間は、人生から問いかけられている存在――フランクル心理学の根幹

フランクルの思想、そしてロゴセラピーの考えは、決して難解なものではありません。

その最も根幹にあるものは、クライアントが発する「人生の問い」についての立脚点の変更、リフレーミングです。

フランクルは言います。

「世界体験の根源的な構造を振り返るために一歩退く時、人生の意味を求める問いにコペルニクス的転換が生じる。人生が人間に問いを発してきている。**人間は、人生から問いかけられている存在**（der vom Leben her Befragte）**なのである**」

（『医師による魂の配慮』）。

私たちはしばしば、

「私は本当は、どうしたいのだろう」

「私は本当は、何を望んでいるのだろう」

と考え、その答えが得られずにもんもんと思い悩むことがあります。

ロゴセラピーはこれに対して、次のように「問い方」を変えてみてはと提案します。「私はどうしたらいいんだろう」と「私の視点」から考えるのではなく、「私」から離れて、さまざまな人生の悩みについて「人生からの問い」として次のようにリフレームしてみることを提案するのです。

「人生は、私に、今、何をまっとうすることを求めているのだろう」

「人生は、何を私に、問いかけてきているのだろう」

「私は、どうすれば、私の人生に与えられている使命をまっとうすることができるだろうか」――。


このように「人生からの問い」という立脚点を立てることで、「自分の人生全体」というより大きな視点で、人生全体を俯瞰するような仕方で、ものを考えることができるようになっていきます。

「自分の人生全体」という少し離れたところから、今起きていることを眺めることができるようになってくるのです。すると、これまでとはまったく異なる視点から考えることができるようになるかもしれません。

私たちはまた、たとえばリストラ、離婚、大病などの苦しい出来事があった時、

「こんなことが次々と起きるのは、いったいどんな意味があるというのか」

と自問することがあります。

この問いは、ロゴセラピーの観点からすると、「自分（人間）から人生に」向けて発せら

れた問いです。ロゴセラピーは、このような時、その問いを発する立脚点そのものを変更するように提案します。

たとえば、

「あなたの人生でこの時、このタイミングで、このような出来事が運ばれてきたのには、いったい、どのような意味があるのでしょうかね」

「あなたの人生で、こういった出会いが次々と起きてくるのは、それを通して、あなたはどのようなことを人生から問われているのでしょうかね」

このように、立脚点を「自分自身」から、「人生」「出来事」「人生の流れ」などに移します。そして、「人生」や「出来事」のほうから自分自身を見つめ、それらのことが自分にとって持つ「意味」を考えていくようにするのです。

「人生から問われていること」というのは、言葉を換えれば「人生の使命」ということでもあります（フランクルはしばしば「意味」という言葉と「使命」という言葉を互換可能なものとして用います）。

そう考えると、**フランクルのロゴセラピーは、「運命の中に自分の使命を見出す」**こと

で精神性を高めていく方法だと言っていいでしょう。

つまり、リストラ、大病、離婚や死別といった、人生で否応なく起きてくる出来事のつらなり＝「運命」に直面することを通して、その中に、「意味」を見出し、「人生からの問いかけ」（使命）を感知していくのを援助するのです。

なぜなら、自分の人生に与えられた使命、自分が人生でほんとうになすべきことを見出すことほど、人間を強くするものはないからです。

自分の人生の意味と使命を見出した時、人間の精神はもっとも高く引き上げられます。そして何事にも耐えていくことのできる強さを発揮し始めるのです。

フロイトやユングの心理学が「深層心理学」と呼ばれるのに対して、フランクルの心理学が「高層心理学」と呼ばれる所以です。

フランクルと現代人の生きづらさ

私たち現代人の多くは、自分の人生について不確かな感覚を抱いて生きています。

「私の人生は本当に、これでいいのだろうか」

という漠然とした不安を抱えて生きています。

あるいはまた、リストラ、大病、離婚や死別などのつらく、苦しい出来事があった時、「いったいどうして？」「なぜ私の人生にこんなことが起きるのだ？」「こんな苦しい出来事が起きる意味は？」と、天を仰いで言葉にならない問いを発することがあります。

それは**私たち人間が「意味」を求める生き物だから**です。


人間は「意味」なしに、つらく苦しい毎日を耐えしのんでいくことはできません。

逆に、その「意味」がわかれば、たいていのことには耐えていけるものです。

「意味」志向の心理療法であるロゴセラピー、そしてその基盤となるフランクルの思想は、多くの人が生きづらさを抱える現代にあって、ますますその必要性が高まっていると言えるでしょう。

文献　『講談社選書メチエ　知の教科書　フランクル』諸富祥彦（２０１６）

参考文献

『夜と霧　ドイツ強制収容所の体験記録』（V・E・フランクル　霜山徳爾訳　みすず書房）
『死と愛　実存分析入門』（V・E・フランクル　霜山徳爾訳　みすず書房）
『時代精神の病理学』（V・E・フランクル　宮本忠雄訳　みすず書房）
『それでも人生にイエスと言う』（V・E・フランクル　山田邦男／松田美佳訳　春秋社）
『意味への意志』（V・E・フランクル　山田邦男訳　春秋社）
『意味による癒し』（V・E・フランクル　山田邦男訳　春秋社）
『〈生きる意味〉を求めて』（V・E・フランクル　諸富祥彦／松岡世利子／上島洋一訳　春秋社）
『宿命を超えて、自己を超えて』（V・E・フランクル　山田邦男／松田美佳訳　春秋社）
『フランクル回想録 20世紀を生きて』（V・E・フランクル　山田邦男訳　春秋社）
『生きがい喪失の悩み』（V・E・フランクル　中村友太郎訳　講談社）
『フランクルを学ぶ人のために』（山田邦男 編　世界思想社）
『フランクル心理学入門』（諸富祥彦　コスモスライブラリー）
『どんな時も、人生に〝YES〟と言う』（諸富祥彦　大和出版）

この物語はフィクションです。
登場する人物・企業・名称等は架空であり、実在のものとは関係ありません。

［著者］
松山　淳（まつやま・じゅん）
企業研修講師/心理カウンセラー
産業能率大学（経営学部/情報マネジメント学部）兼任講師
2002年アースシップ・コンサルティング設立。2003年メルマガ「リーダーへ贈る108通の手紙」が好評を博す。読者数は4000名を超える。これまで、15年にわたりビジネスパーソン等の個別相談を受け、その悩みに答えている。2010年心理学者ユングの性格類型論をベースに開発された国際的性格検査MBTI®の資格取得。2011年東日本大震災を契機に、『夜と霧』の著者として有名な心理学者のV・E・フランクルに傾倒し、「フランクル心理学」への造詣を深める。ユング、フランクル心理学の知見を活動に取り入れる。経営者、中間管理職など、リーダー層を対象にした個別相談、企業研修、講演など幅広く活動。

［解説］
諸富祥彦（もろとみ・よしひこ）
1963年福岡県生まれ。筑波大学人間学類、同大学院博士課程修了後、千葉大学教育学部助教授を経て、明治大学文学部教授。教育学博士。日本トランスパーソナル学会会長。臨床心理士。日本カウンセリング学会認定カウンセラー。大学で心理学を教えるかたわら、精力的にカウンセリング活動を続ける。フランクル関連の著作に『知の教科書　フランクル』（講談社選書メチエ）、『NHK「100分de名著」ブックス　フランクル夜と霧』（NHK出版）、『フランクル心理学入門』（コスモスライブラリー）等がある。フランクル心理学をはじめとした実存心理学、人間性心理学を体験的に学ぶ、心理学のワークショップを年７回おこなっている。
気づきと学びの心理学研究会アウェアネス　http://morotomi.net/

君が生きる意味
――人生を劇的に変えるフランクルの教え

2018年７月４日　第１刷発行

著　者――松山　淳
解　説――諸富祥彦
発行所――ダイヤモンド社
〒150-8409　東京都渋谷区神宮前6-12-17
http://www.diamond.co.jp/
電話／03･5778･7234（編集）　03･5778･7240（販売）
装丁デザイン―中村勝紀（TOKYO LAND）
カバー・本文イラスト―岡村優太
本文デザイン―布施育哉
本文DTP――ダイヤモンド・グラフィック社
校正――――鷗来堂
製作進行――ダイヤモンド・グラフィック社
印刷――――堀内印刷所（本文）・加藤文明社（カバー）
製本――――加藤製本
編集担当――高野倉俊勝（ttakanokura@diamond.co.jp）

ISBN 978-4-478-10591-7